全方位女神

完美女孩的必修守則

鍾幸燕——著 ♥

 崧燁文化

全方位女神：完美女孩的必修守則

目錄

目錄

【社會生存篇】女神，是生存遊戲中的大贏家

【終身幸福篇】人生，其實不是一場馬拉松

序言 一個普通少女的修練史

我曾經在網路上看到過這樣一個貼文，長得醜且資質平庸的女生如何找到屬於自己的幸福？普通女孩離女神到底有多遠？

看到這個貼文時，我真想找到那個發文的女孩，衝到她面前告訴她，平庸的我是怎樣一路走過來的。

想起當年的我，身材又矮又胖，也不愛打扮，而我所在的時裝學校美女又多，顯得我非常黯淡。我的性格內向，從來不願意主動結交朋友，除成績平平之外，其他各方面能力也很一般。

平凡的我很快就湮沒在人群中。

還好，當時我心理年齡較小，也沒有談戀愛的概念，一直跟幾個男生關係很好，過得也算不錯。

但我心裡其實是有自卑感的，尤其是見到漂亮女神的時候，但是我通常都不表現出來，也沒有改變自己的意願。

直到我遇見了學姐。學姐對我的影響我記錄在了「你離女神有多遠」中。這裡就不再贅述了。

值得一提的是，即使我有了改變自我的意識，也沒有像故事裡說的那樣，馬上戴上緊箍咒，大變金身，衣錦還鄉，從此讓所有人刮目相看。

從醜小鴨到現在的我，我足足用了六年的時光。

我想告訴你們的是，我也是一個平凡的女孩，我用了六年的時間，才成為別人眼中的「女神」。而且，我知道，我離真正意義上的「女神」，還有不小的距離。

在我們身邊，能被稱為女神的始終是少數，大多數女孩都是平凡人。

但是平凡女孩，也能透過自己的奮鬥變成女神。

全方位女神：完美女孩的必修守則

【起始篇】致那個曾經很「天真」的我

【起始篇】
致那個曾經很「天真」的我

▌1 女神：一半女人，一半神

一半女人，一半神

女神這個詞很奇妙，一半女人，一半神。女神身上既有女性的特徵（美麗、柔弱、女性的力量），同時又有神性的特徵，簡單來說，就是智慧、堅強、樂觀、自律、奮發、向上。

這裡我想跟大家分享一位傳奇女性，一位真女神的故事。

有本書叫做《上海的金枝玉葉》，寫的是老上海永安百貨郭氏家族的四小姐，郭婉瑩（黛西）的故事，作者陳丹燕。

提起郭家，那是鼎鼎大名，最為人稱道的，是郭家和宋家的孩子從小一起長大，郭婉瑩和宋慶齡在同一所貴族女校上學，郭婉瑩最好的朋友是康有為的孫女。

畢業之後，郭婉瑩嫁給了吳毓驤，吳毓驤畢業於清華大學，是林則徐的後代，他的奶奶是林則徐的女兒。

康有為的女兒康同璧曾經對她們說，如果有一天她們沒有烤箱了，也要學會用鐵絲烤出吐司來。

郭婉瑩從小過著錦衣玉食的生活，用紅樓夢裡的話說，那是烈火烹油，鮮花著錦，郭婉瑩的前半生堪稱是完美。

陳丹燕這樣描述她的奢華生活：「清一色的福州紅木，擦得雪亮，銀器和水晶器械是一大櫃一大櫃的，沙發又大又軟，坐進去好像掉進了雲端裡。聖誕樹高到了天花板，廚子做的福州菜最好吃，她做的冰淇淋，上面有核桃屑。」

可是這完美的生活在郭婉瑩五十歲時戛然而止。那年，郭婉瑩的整個家族陷入巨大的不幸中，她的丈夫被劃分為右派，之後死在了牢獄之中，而且她的丈夫和父母的棺材、骨灰也被損毀。

郭婉瑩雖然沒有死，但是作為資本家的女兒，她也一下子跌入了深淵。她在中國大陸文革中艱難求生，被作為鬥爭的重點對象，甚至被下放到農村養豬。

從豪宅中被趕到了七平方公尺的小亭子。十指不沾陽春水的大小姐開始自己做家務。她每天都從事艱難繁重的勞動，種白菜、洗馬桶，曾經纖細的十指因此變形。

換作任何人，可能都會因受不了這樣的落差而痛不欲生，但是郭婉瑩卻泰然處之。

即使她的生活條件如此惡劣，她依然會把狹窄而黑暗的樓道當作自己的廚房，以煤球爐子和鋁飯盒為工具蒸蛋糕，精美的茶具沒有了，普通杯子也能用來喝下午茶。

甘迺迪的遺孀曾問及她在文革中的勞改經歷，郭婉瑩只是輕描淡寫地說，勞動有利於保持我的體型。

即使在最惡劣的環境中，也要保持最樂觀高貴的品格。

雖然生活是那麼艱難，但是她仍有無比堅強的毅力和信心，把生活的困苦變成了動力。

少年時的美麗和富有就像是幻影，就算幻影結束了，她也沒有因此而落寞度過一生。歲月和痛苦都奪不去她的美。

郭婉瑩是很多人心目中的真女神。

如果她當初沒有留在中國國內，而是和其他親人一起逃往國外，也許她永遠不會知道自己在面對苦難時是什麼樣子。

她也不會知道自己那雙原來只用來彈鋼琴的手，也可以做一切農活和家務。

郭婉瑩退休後，女兒和兒子先後成家，都過著普通人的生活。

有人這樣描述她後來的生活：「郭婉瑩一邊在家抱孫子，一邊安靜度過餘生。至於曾經的遭遇，她隻字不提。在她看來，這不過是自己的一次人生；而對我們而言，這卻是一位女性的傳奇往事。」

郭婉瑩九十歲去世，她留下的遺囑是把自己的遺體捐獻給紅十字會。無論世事如何暗淡，她在困境中依然保持著高貴樂觀的品性，這個女人走完了她精緻的一生。

在郭婉瑩的告別儀式上，有一副輓聯這樣寫道：「有忍有仁，大家閨秀猶在。花開花落，金枝玉葉不敗。」

也許我們永遠無法成為郭婉瑩這樣的傳奇女性，但是我們至少要知道真正的女神是什麼樣子的。

真正的女神是美麗的外表、堅強的品性、認真的生活、面對困境時永不放棄的樂觀，以及任何時候都要保持優雅的境界。

▌2 女神，超越自我局限

什麼樣的女生可以被稱為女神

漂亮就是女神嗎？如果一個女生漂亮，卻不思進取，靠男人養活是不是女神？不是，那是金絲雀！

學習好、事業佳就是女神嗎？那是女強人。

溫柔賢惠、性格好就是女神嗎？一定是個善良的女孩，但卻未必是女神。

女神，應該是一種全方位的狀態。

《紅樓夢》中最接近女神的女孩，是薛寶釵，她有花容月貌，又極具才華，同時，還富有才幹，在大觀園中數次顯露出治家天賦，最重要的是，她能做到全家上下無不稱讚。

紅樓夢所寫的時代是不允許女人擁有事業的，否則薛寶釵一定可以做出自己的事業來。

美麗的外表、健康有活力的身體、溫柔且包容的性格、事業，都應該是我們努力追求的。

女神是智慧和自制力的綜合體。

要保持美麗的外表，你需要做到：堅持節食、不要晚睡、少吃甜食、少喝飲料、堅持保養皮膚、堅持做運動。

這些都需要自制力。

那些被認為是大美女的女孩，她們的自制力無一不是出類拔萃。

我認識一個只要提起她的名字就會有人說「太美了」的女孩，她的自我約束力簡直超越一般人的想像。

即使她忙了一整天，跑了無數個地方，回到家再累，她也會先卸妝、敷面膜，然後躺到床上做腹肌訓練。

這是一種軍人般的意志，有的女孩累了一天後連卸妝都會感到痛不欲生，何況卸妝後的保養和運動？

能堅持的，才是真女神。

自詡女漢子，不願意打扮，其實就是懶

我的鄰居是一對夫妻，女主人姓吳，她是那種對穿著打扮毫不在意的類型。我從來沒見過她家裡有什麼護膚品，她穿衣服也都是採用就近原則，哪件衣服離自己近就直接拿出來穿。她對自己的身材也採取放任態度，她說就算天天去健身房鍛鍊也沒用，該老還是會老，一停止鍛鍊就會反彈，不信你看那些退役的運動員。

有次我問她：「姐，你怎麼不化妝啊？」

她振振有詞地說：「化妝是女人作弊的行為，男人都不喜歡女人化妝。當然我不是在說你啊。」

弄得我哭笑不得。

她還有一個愛好，就是喜歡看韓劇，每次看到劇情傷心之處她總會眼中泛淚，還拉著你討論劇中男女主角的問題，一聊就是一兩個小時，還不重複。討論完之後她會給出一個結論：「你看這韓劇裡的第二女主角都是妖豔的愛打扮的，可見打扮得漂亮的女人都不是好女人。」

其實，我鄰居的這種觀念雖然有些落伍，但很多自稱「女漢子」的女孩都有類似的觀念。

她們不接受精心化妝和打扮，因為「女漢子」是不會穿著可愛的裙子、化著精緻的妝容去「討」別人喜歡的。另外，對於那些喜歡化妝打扮的女孩她們會口誅筆伐，因為在有些「女漢子」眼裡，化妝打扮都是偽裝，而透過這種行為得到異性的喜歡，就如同上學考試時帶小抄一樣，這種行為是「女漢子」所不齒的。

難道穿得像農村社會勞動婦女一樣樸素就是女漢子了？錯，真正的女漢子應該是一種精神上的獨立，應該是作為一個完整個體的獨立，而不是單純追求外表上的不修邊幅。那些將自己整理得很好的女孩同樣可以是「女漢子」，因為「女漢子」這個詞的第一個字是「女」，接下來才是「漢子」。在我看來，「女漢子」雖然身體是女孩，但是其見識和胸襟卻如同男人一樣，並且具有很多在旁人看來只有男人才會的才能。所以在我眼中，無論你是每天穿著短裙高跟鞋的辦公室上班族，還是穿著連衣裙紮著馬尾辮正襟危坐在教室裡的鄰家小妹，都能夠成為「女漢子」。

這位吳太太，和曾經的我何其相似：你覺得你是女漢子，其實你只是過得特別隨意和粗糙。

▎3 你離女神有多遠？

為什麼只在「特殊情況」下，你才願意精心準備

我學習服裝設計的時候，一個已經畢業的學姐來學校找人做實習，導師推薦了我和另外一個女同學 C。

導師對我和 C 說：「你們要珍惜這次機會，好好跟學姐學。你們學姐上學時是學霸，實習期間就被現在就職的這家企業簽走了，工作三年連升三級。你們跟著學姐，除了學做事，也要學習學姐如何做人。」

我和 C 連忙點頭稱是，心想學姐肯定是像電視劇裡的學霸那樣，邋裡邋遢的女生。

但是，一見到學姐，我和 C 都傻了，沒想到，面前的學姐精緻美麗，看起來還有幾分嬌弱，和我們印象中的學霸完全不一樣。

學姐給的待遇不錯，對我們也挺好。學姐外表嬌弱，但她可以踩著高跟鞋一天趕四個場子而不叫苦，她可以連續工作十幾個小時，第二天還一絲不苟地化著全妝準時出現在辦公室。

我一邊羨慕和崇拜著學姐，把學姐當成我心目中的「女神」，一邊波瀾不驚地繼續著我的生活。

直到有一天，學姐通知我和 C，讓我們去參加一個業界的展覽，主要負責協調和接待。學姐讓我們早上七點在校門口等著，她來接我們。

我接到通知，心想：協調和接待而已，能有多難！

不過我是不是該化個妝，打扮打扮啊？我想了一會兒，最後還是放棄了，一是因為我沒有化妝品，二是因為太麻煩了。

第二天，我六點半才起床，簡單洗了個臉，抓了件衣服套上就到六點五十分了，我匆匆忙忙趕到學校門口，還為自己的準時有點小驕傲。

結果學姐和 C 已經站在那裡等我了。她們用有點驚訝的眼光看著我。

我看看學姐，又看看 C：學姐穿了一身高級套裝，整個妝容一絲不苟；C 穿了一件頗為正式的連衣裙，臉上也化著淡淡的妝，還穿了高跟鞋。

在路上，C 小聲問我：「你怎麼這樣就出來了？」

我苦笑著說：「我不是一向都這樣嗎？我是個女漢子啊，我不知道你們都……」

學姐打斷我說：「你啊，你覺得你是女漢子，其實你就是懶。你問問你旁邊那位，她幾點起床的？」

　　C不好意思地說：「我五點起床的，先洗頭，然後吃早飯，換衣服，化妝，整理完就六點半了。」

　　那天一整天，我都是在無法言說的尷尬中度過的，除了我之外，會場的所有女孩都穿著高跟鞋，穿著正裝，看上去成熟、穩重、專業。而我，就像放學路上，不小心闖進來的學生，還是只知道傻學習的那種學生。

　　那天活動結束，學姐看著我嘆了口氣。

　　我對學姐說：「學姐，我今天是不是給你丟人了啊？對不起，以後再有這樣的情況，我一定會精心準備的。」

　　學姐說：「為什麼非要『有這樣的情況』，你才願意『精心準備』？難道你只在你覺得值得的時候精心準備嗎？而我，每一天都是精心準備的啊。」

人生的努力，可不只是外貌那麼簡單

　　學姐繼續說：「你特別羨慕我是吧？」

　　我使勁點頭：「學姐，你是我的女神。」

　　學姐說：「是嗎！那你有沒有想過，你和我的區別是什麼？」

　　我有點黯然：「我比學姐差遠了。」

　　學姐說：「你知道嗎，我高中時也特別胖，七十公斤。大學聯考前我花了三個月的時間減肥，每天上午跑兩個小時，下午跑兩個小時，把膝蓋都跑壞了，到現在我的膝蓋都不太好。我怕曬黑，就穿著長袖襯衫、長褲，戴著口罩跑。大學的時候，我用做兼職賺的錢買化妝品、護膚品，一點點學習化妝。任何事都是要努力的，外貌也是如此。但是人生的努力，可不只是外貌那麼簡單。」

　　最後學姐對我說：「別封閉自己，你還非常年輕，千萬別太早給自己劃定『你是個什麼樣的人』，任何事都是有可能的，只要你願意去嘗試。」

說完，學姐送我回學校。

那天之後，我開始反省自己：

為什麼我明明很羨慕那些女神級的女孩，但卻不願意為改變自己而付出行動呢？這真是個問題啊。即使是我最崇拜的學姐，也不是一開始就風光無限的。我們只看到了她們外表的光鮮亮麗，卻忽視了光鮮亮麗背後，她們付出的汗水和努力。

是平凡女還是女神，也許就是你願不願意付出行動決定的。

這並不是一個簡單的勵志故事，我也沒在短短幾個月內就大變身。前面說了，我的努力足足持續了六年。

但是，我始終記得，我是在那一天決定改變自己並付諸行動的。

當你開始審視自己，並決定改變自己時，改變就開始了。

全方位女神：完美女孩的必修守則

【自我成長篇】 少女啊，請不要在妙齡時就「枯萎」

【自我成長篇】
少女啊，請不要在妙齡時就「枯萎」

4 那些我見過的「枯萎」在妙齡的女孩

女孩啊，不要枯萎在二十幾歲

成長不是一件簡單的事，隨著時間的推移，你會依次經歷二十歲、三十歲、四十歲……但是這些數字只能代表你的年齡，並不能代表你的成長。

有個名叫「人在紐約」的微博，記錄了一個人說的這樣一句話：

「我以為到了人生的這個階段，我會變成一個更有安全感的人。我以為只要我遵守所有的規則，我就會快樂地長大成人，和自己所有的問題和解。我現在意識到沒有人長大，每個人都只是變老而己。」

成長意味著你能夠超越自己，意味著你能夠審視自我，意味著你對自我的反思和質疑，意味著你不會在命運面前低頭，意味著你會在不幸中抗爭……

你的身體會隨著時間而逐漸成熟，然後逐漸衰老，但成長並不會如此。很多人只是身體變老，但是卻一直沒有成長。

很多人的成長停滯在二十多歲，也可以說他們在二十多歲時就已提前衰老。因為之後的時間裡，他們都如同影子一樣存在著，不願意再追求突破，不願意再出去冒險，每天的生活都是重複之前的生活，日復一日。

當你不願意再付出努力，不願意再去冒險時，衰老就開始了。

千萬別過那種一眼望到頭的生活。

那些才剛剛二十歲出頭就已經「衰老」的女孩，她們害怕拚搏，因為害怕失敗，所以早早就將自己的人生目標放棄了。

選擇「提前衰老」，還是選擇「永遠年輕」？

雖然很多人在二十多歲就已經「衰老」，但是還有那麼一小部分人，他們知道自己人生的目標，他們擁有獨立的思想和追求，他們願意為自己心中的目標去奮鬥，去努力。雖然這樣做會打破他們舒適的生活，會讓他們一次次面對失敗和挫折，但他們願意付出，因為他們知道，只有這樣做才能一步步接近自己心中的目標。

在人生的道路上，他們選擇「永遠熱血和年輕」。

雖然年齡會不斷增長，身體會逐漸衰老，但是這些「選擇年輕」的人一直都有自己的人生目標。在他們眼裡，年齡從來不是阻礙他們做事的理由，他們不會告訴自己「現在開始已經太晚了」，也不會懊悔當初應該如何去做。因為只要他們想到了，就會立刻付諸行動。

有很多錯誤的世俗觀念在誤導我們，比如「什麼樣的年齡就應該做什麼樣的事情」「不得不服老」「現在這個年紀已經來不及了」……但對於有些人來說，這些觀念是毫無意義的。

我在微博上看到一條新聞，臺灣有一位一〇五歲的老人去大學聽課，想要考取博士學位。

這位老人在七十多歲時獨自去歐洲旅行，八十七歲時和孫子一起考大學，九十一歲時從臺灣高雄市立空中大學文化藝術系畢業，九十八歲時獲得碩士學位。

這位老人在大學期間，從來不遲到和早退。如今已經一〇五歲的他又準備去新竹清華大學聽課，準備參加博士學位的考試！

看完這個新聞之後，我認為這位老人就是「永遠年輕」的榜樣。

現在很多人年紀輕輕，生活卻如同老年人。但是也有很多已經上了年紀的人，卻沒有被年齡所限制，他們擺脫了歲月的枷鎖，做著自己想做的事情。

不要溫和地走進那個良夜

去年，我反覆看了五次《星際效應》，每次都被深深地震撼，尤其是電影中反覆出現的那首詩：

不要溫和地走進那個良夜，老年應當在日暮時燃燒咆哮；怒斥，怒斥光明的消逝。

雖然智慧的人臨終時懂得黑暗有理，因為他們的話沒有迸發出閃電，他們，也並不溫和地走進那個良夜。

善良的人，當最後一浪過去，高呼他們脆弱的善行，可能曾會多麼光輝地在綠色的海灣裡舞蹈，怒斥，怒斥光明的消逝。

狂暴的人抓住並歌唱過翱翔的太陽，懂得，但為時太晚，他們使太陽在途中悲傷，也並不溫和地走進那個良夜。

嚴肅的人，接近死亡，用炫目的視覺看出失明的眼睛可以像流星一樣閃耀歡欣，怒斥，怒斥光明的消逝。

您啊，我的父親，在那悲哀的高處。

現在用您的熱淚詛咒我，祝福我吧。我求您，不要溫和地走進那個良夜。

怒斥，怒斥光明的消逝。

不要溫和地走進那個良夜，是我對我自己，也是對所有女孩的期望。

任何時候都要努力，都要奮鬥，都要超越自我！

▍5 普通女孩如何成為中產階級？

一個普通女孩是如何奮鬥成為中產階級的？

很多剛步入社會的女孩問我：「我家境一般，學歷一般，資質平平，怎麼做才能有『出路』？我該怎麼奮鬥？」

還有一些問得更直白：「我家境不好，一個普通女孩想要成為中產階級，到底有多難？」

我回答說：「特別難，不僅在中國難，在國外也難。階層的固化是個世界問題，要實現階層的流動，從下向上流動比從上向下流動要難得多。」

你會過得很辛苦，但是再辛苦也辛苦不過女孩 X。X 就是個普通女孩，甚至，她是個條件遠稱不上「普通」的女孩。

我認識 X 時，她只有二十一歲。她長相清秀，性格乖巧。

　　X 的家庭和出身，是我們很熟了之後我才了解到的，而之前只知道她是出了名的節儉。一天早晨，X 去上班，走到半路，鞋子壞了，她只得跳著回家換了一雙，沒想到走到半路這雙鞋子也壞了，她只能打電話請假，赤腳走著去買了一雙非常便宜的鞋子，因為她的家中已經沒有多餘的鞋子了。

　　在我們關係非常熟絡之後，她告訴我她父親以前是跑船的，一年只回來幾次，她母親一個人又當爹又當媽。在她十四歲那年，父親出海之後就再也沒有回來。她父親活著的時候特別仗義，有人來借錢，不管多少，只要有，就會借給對方。結果她父親去世之後，她媽媽都不知道有多少債主，也不知道人家欠著自己家多少錢。總之，除了父親生前的一兩個兄弟還了幾萬元外，其他人都銷聲匿跡了。她在家裡排行老大，還有一個妹妹。因為家庭環境困難，她高中一畢業，就出來找工作了。

　　一次回家時，家裡人說起了關於妹妹上學的事情，當時她的妹妹已經上高三，即將畢業。母親的態度是上大學也沒有什麼用，畢業了就出去打工吧。但是她不想讓妹妹走自己的老路，於是非常堅定地告訴母親，妹妹必須上大學，費用她來承擔。當時她也剛工作不久，一個月收入除去租房子吃飯也剩不了多少，這還都是按最低標準來算。

　　工作兩年之後，因為工作努力，她的收入略有提高，但是大部分錢都給了家裡。

　　有一年，她母親打電話說家裡的房子不行了，需要修理，她便將自己的所有積蓄拿了回去。妹妹上學沒有錢交書籍費，她的母親說，問你姐要錢吧，我們家就靠她了。知道這件事情之後，她一點都沒生氣，反而非常高興，因為她覺得自己能夠承擔起一個家了。

　　當時我在一家外商工作，她是我的同事，低學歷並沒有讓她在外商混不開，因為她工作非常努力。

　　努力到什麼地步呢？

平均每個月上班二十二天，基本上每天她都會加班，通宵加班也是家常便飯。我和她聊到這件事時，她微笑著說：這樣挺好的，通宵加班至少我不用擠早晚高峰地鐵了。

我們有一個非常挑剔的客戶，幾次打交道下來，公司的人都不願去跟了，於是 X 便接手過來。一次，X 與這個客戶一起去驗貨，這次驗貨之後，客戶直接告訴手底下的人，「以後 X 負責的訂單就不用找我來看了，以她的標準為準。」因為 X 比這個客戶還要挑剔，對錯誤是零容忍。

我曾多次邀請她參加聚會活動，但她的回覆從來都是：抱歉，我現在還在加班，暫時去不了。

就這樣，我看著她不斷成長。月收入從三千元到七千元再到一萬兩千元。她的收入雖然不斷增加，但是我每次見到她都會感覺十分沉重，因為我知道她一路走來所遇到的困難要比常人多數倍。

X 也有疲憊、崩潰的時候。有一次我們一起吃飯，她喝著喝著酒突然哭了，原來她被戀人的父母挑剔是單親家庭，挑剔家庭背景不好。

在 X 二十四歲那年，她靠著多年辛苦工作賺來的錢，在城裡買了一間屬於自己的小房子。頭期款是她自己存的，貸款貸了二十五年，每個月還五千元，那時她的月收入在七千元左右。

現在的 X，早就成了經理，她換了幾份工作，事業節節升高，並且，她也找到了愛她尊重她的戀人，戀人的父母無比喜歡和心疼這個努力、上進的女孩。

故事有一個很好的結尾，X 將會度過很好很長的一生。我知道，對於 X 來說，哪怕未來遇到再多的困難，她也會全力以赴。

雖然每個人的生活都不容易，但是 X 所遭受的苦和累，還是比正在閱讀這本書的你多吧？

如果你的家庭背景不好，想靠自己的力量完成階層的跨越，成為中產階級，到底有多難？

特別難，但是並非不可能。

如果你沒有特別大的助力，那麼努力工作，可能是你唯一的出路。

6 比迷茫更可怕的是虛度青春

是不是每個人二十歲出頭的時候都特別艱難？

有個朋友寫信給我說：「我每天都在努力生活和工作，但是仍然無法抑制內心的迷茫。是不是每個人二十歲出頭的時候，都過得特別艱難？」

她的話讓我想起《終極追殺令》中的經典臺詞：

——生活是一直苦還是只是小時候特別苦？

——一直這樣。

年輕的你，現在可能每天都感到十分迷茫，充滿了對未來的憂慮。

事實上，你完全不必如此。

因為對於二十多歲的人來說，迷茫是再正常不過的一種狀態。

我在二十多歲的時候，也是如此。

記得我剛開始工作時，感覺非常不適應，生活變得一團糟，焦頭爛額是我每天的常態。

當時發生的一件事情我至今印象深刻。一天早上，我因為前一天晚上加班，睡得很晚早上起晚了，所以連早飯都沒來得及吃就趕著去上班。

我在公車上睏意發作，於是迷迷糊糊地睡著了，當到站下車之後我才發現手裡原本拿著的資料袋不見了。資料袋裡有我的身分證以及連續幾天加班整理出來的資料，這些資料公司要求今天必須交。當時我的腦子一片茫然，很想大哭一場。

在萬分無助的情況下，我甚至打了報警電話，但警察只是簡單地將我的情況記錄了一下，然後告訴我如果有消息會聯繫我。我不知道自己是怎麼走

進公司的，當我把資料在公車上丟了的事情告訴主管後，主管一臉的不信任。雖然我一再解釋，但是主管依然覺得這個理由十分牽強，並大聲訓斥了我。

部門同事知道這件事情之後，都向我投來十分冷漠的眼神，甚至有人特地跑到我身邊冷嘲熱諷，因為沒有了我整理的資料，全部門這幾天的工作都將變得毫無意義。

主管的訓斥、同事們的冷漠，讓我感覺自己快要崩潰了，於是我跑到廁所裡抱頭痛哭。

我並不是因為工作太辛苦而哭泣，工作的辛苦我可以承受，讓我哭泣的原因是主管的不信任以及同事們的冷漠，雖然我明白他們的這種態度是有原因的，但是我依然感到十分痛苦。

我相信類似的感覺所有人都曾經有過，那種非常無助時的放聲痛哭。雖然哭泣的原因各不相同，但相同的是，哭泣之後自己將變得更加成熟。

迷茫，是大多數人二十多歲時的主題曲

你現在的迷茫和焦慮，是每個二十多歲的人都經歷過的。

對生活感到迷茫並不可怕，可怕的是你終日無所事事。不要懼怕失敗，無論結果怎麼樣，都不要停止努力，即使失敗你還會收穫經驗。在失敗的過程中你會發現新的機會，同時也會對自己有新的認識。

人生不可能一帆風順，失敗、難過、痛苦、打擊，這些都讓人想要放棄，想要逃避，禍不單行的事情在人生道路上你會經常遇見。

但是你需要明白的是，人的成長是離不開這些挫折的，經歷無數次的挫折之後，人就會變得成熟。擊敗這些挫折的方法非常簡單，但是這個簡單的方法我很多年後才明白，那就是保持樂觀的心態，無論發生了什麼事情，都要樂觀，都要堅持前進。

認真對待學習，人的一生需要不斷學習，只有這樣你才能有立足之地，才能不被淘汰。

對著鏡子，仔細看看鏡子裡的自己，然後告訴自己，我最大的依靠就是鏡子裡的這個人。

為什麼二十多歲的人很容易產生迷茫的感覺呢？

這是因為你剛踏入社會，第一次嘗試著「自立」，而你在家庭和學校中時，你的生活都被父母或者學校安排好了。當你步入社會才發現，社會是不會為你安排好一切的，所有的事情只能靠你自己的努力。

二十多歲是人一生中最好的年齡，希望你不要浪費自己的時間，一定要努力，一定要學習，未來的你一定會感謝現在努力奮鬥的自己。

當你足夠成熟時就會發現，你今天面對的困難和辛苦都是微不足道的。

7 年輕時最好的投資是投資自己

年輕時最好的投資是什麼？

我根據自己的經歷得出的答案是：「年輕時最好的投資，是投資自己，讓自己擁有奮鬥的勇氣和自我改變的魄力。」

年輕是一種資本，年輕能夠讓你在失敗之後有機會重新爬起來。如果年輕時做事瞻前顧後，猶豫不決，那麼真是浪費了年輕的資本。

想好了就去做，不要把時間都浪費在猶豫上，不需要擔心失敗，需要擔心的是你沒有勇氣和魄力去做。

我聽過一句話：「你所面對的唯一壓力，就是改變自己的壓力。」

我深以為然。

而我的朋友 R 君的經歷剛好印證了這句話。

R 君說：「我剛從學校畢業時，首先想的是盡快找一份工作，先穩定下來。但是我其實一直都想創業，然而創業所帶來的風險讓我猶豫不決。有一天我問自己：一份穩定的工作，每月按時拿薪水，難道你願意一生都這樣度過嗎？為什麼有自己想做的事情卻不去做？為什麼不敢創業？也許錯過了這

次機會，以後就不再可能創業了。於是我做了決定，開始自己創業。在做出決定之後，久違的輕鬆感又回到了我身上。雖然之後的創業歷盡磨難，其間曾失敗過幾次，但是我對於當時這個決定從來沒有後悔過，因為這是我真心想做的事，是我依內心的真實感受做的決定。」

現在的 R 君，已經是一個小有規模的互聯網公司的老闆，即使這兩年經濟大環境不好，R 君的公司也始終保持盈利。

他對我說：「就算以後經濟環境再差，公司不景氣，也沒有關係，我已經做好了迎戰的準備。」

「我壓力最大的時候，是下決心之前。」

從未開始過，怎麼能說晚？

我從小沒有做過飯，直到結婚後才開始學。在那之前，我只會蒸米飯和煮泡麵，並且自認為不會做飯沒什麼問題，也不願意去學。

一天，老公的一位朋友請我們去他們家做客。當我們到他家時，他老婆已經將所有食材都準備好了，肉在鍋裡，已經燉得差不多了，水果切好，已經放在盤子裡，涼菜基本都已經完成，就等她來炒兩個熱菜就大功告成了。

我們到他們家二十分鐘之後，所有菜餚都上了桌，我們開始吃飯了。我對飯菜的味道讚不絕口，也非常羨慕，便對女主人說：「你做飯手藝真不錯，真羨慕你，我要有你一半的水平，我們也不用經常在外面解決了。」

而她微微笑了一下說：「我上國中時學的做飯，其實非常簡單，沒有你想像的那麼麻煩，你只不過是沒有自己試過而已。」

我訕訕點頭：「我現在學做飯是不是已經晚了？」

她搖搖頭：「你都沒有嘗試過，怎麼能說晚了呢？」

然後我們沒有繼續這個話題，開始討論其他事情。

在老公朋友家度過愉快的一天之後，在回家的路上我內心不平靜了。我意識到對方說的是正確的。

都沒有嘗試過，怎麼能說晚？

我意識到：不會做飯給我帶來過很多麻煩，但因為我一直都心安理得，所以從來沒有想過要改變。

回到家之後，我立刻從網路上訂購了一本食譜，從最基本的切菜、煲湯開始學起。我的第一份作品番茄炒蛋出來時，雖然色香味欠佳，但是我卻吃得津津有味，並且一邊吃還一邊誇自己：我快要成為一名合格的廚師了！

學會炒簡單菜之後，我開始學習更多複雜菜的做法，如今各種菜都已是得心應手。

學會做飯之後我才明白，很多事情不是你學不會，也不是因為現在學習太晚了，而是因為你從來沒有想過去嘗試。任何事情都是邁出第一步比較難。

學會做飯給我帶來了成就感，成就感是需要透過自己的努力得到的，而在此之前，我沒有想過付出，卻想得到成就感。

很多人有我這樣的心理，輕易地給自己下定論：「這件事情我做不了，現在學習太晚了。」

然後就心安理得的，寧願將寶貴的時間花在看電視、玩遊戲、毫無意義的社交活動上，也不願意嘗試去學習。

從現在開始，騰出一些時間給那些對你有用，而你又從沒有嘗試過的事情。

蔡康永有一段話，我覺得很有道理：

十五歲覺得游泳難，放棄游泳，到十八歲遇到一個你喜歡的人約你游，你只說「我不會耶」。十八歲覺得英文難，放棄英文，二十八歲出現一個很棒但要會英文的工作，你只好說「我不會耶」。人生前期越嫌麻煩，越懶得學，後來就越可能錯過讓你動心的人和事，錯過新風景。

8 什麼行為會讓女孩子顯得庸俗？

為什麼別人都討厭你

我的第一份正式工作開始時，是和三個女孩一起到職的。三個女孩的家境都還可以，雖然能力各有高低，但是大家年紀差不多，背景差不多，開始時關係都很好。

到職兩個月後，我發現其中兩個女孩中午吃飯的時候常常只叫我，不太愛叫另外一個女孩 A 了。週末大家約好一起去唱歌，我到了才發現沒有 A。

我問其他兩個女孩為什麼沒找 A。

女孩 B 撇撇嘴說：「看不上她那樣。愛貪小便宜，上次公司發給咱們幾個一箱芒果，她先挑了十來個，全是最大的，我最愛吃芒果了！好吃的全被她挑走了！我覺得這女孩挺沒意思的。」

女孩 C 說：「講話也口無遮攔的，喜歡亂開玩笑。上次問我家庭情況，問完我又問我男朋友，最後竟然說，你們兩個挺配，一個鳳凰女一個鳳凰男。她什麼意思啊！我當時就生氣了，她還說讓我別生氣，她就是說話特別直。把我氣死了。」

她們這麼說，我也想起 A 讓我不太舒服的地方。我剛畢業的時候，我媽給我買了香奈兒包作為我的畢業禮物。

有次公司聚餐，我就帶了那個包，A 圍著我轉了半天，一個勁問這包是真的假的，花了多少錢，我都搪塞過去了。

從那兒以後，A 特別喜歡在我面前說，她的包是她男朋友買給她的，花了多少錢，總是錢錢錢的，我也覺得很不舒服。

最後 B 總結說：「你說 A 吧，也不是特別壞。她還是挺仗義的，自己的工作不會推給別人，做錯了事也會自己承擔，但是怎麼就讓人感覺……感覺那麼庸俗呢？」

這件事已經過去很久了，我也早就離開了那家公司，但是這件事和 B 最後的話，我一直記在心裡。

有時我也會想：什麼樣的行為會讓女孩子顯得庸俗呢？

行為一：貪小便宜

如果一個女孩不希望自己顯得庸俗，那麼首先要做到不貪小便宜。一切都被別人看在眼裡，你以為只是無意間的一個舉動，也許別人已經給你貼上了標籤。

不貪小便宜是男女皆適用的原則。二〇一四年，一個名為《寒門再難出貴子》的貼文引起軒然大波，關於寒門到底能不能出貴子的討論也異常火熱。

而我對那個貼文中一個叫治國的男孩的經歷印象深刻，正是貪小便宜這個無意識的舉動毀掉了他的前途。

寒門再難出貴子

作者：永樂大帝二世

如果一對父母能為孩子起名治國，那麼對孩子的期望一定很大。

治國是班長，也是學生會幹部，籃球打得很好，在風險管理部實習，很不錯的孩子，經常看他抱著一疊疊的資料跑上跑下。風險管理部權力最大，業務最多，資料、文件自然最多，這點比較累，沒完沒了地影印文件，沒完沒了地開會。

治國很勤快，也會說話。在學校做學生幹部要是在三十年前也許前景很好，但是現在，不是一個使勁做事別人就說你好，肯為你說話的時代。治國長得很帥，但是沒用，沒有人指導他，沒有人告訴他怎麼去做，什麼事都是他去摸索，也許治國以後會出人頭地，但是四十歲之前，他的命運已經確定了。要讓現實碰得頭破血流才知道社會的真相，才能磨合好自己。治國後來沒有留下，幾經面試找了一份保險公司的工作，很辛苦，後來逛街見過一次，看得出挺累，挺辛苦。

但是我覺得治國還可以，我就是想不通，為什麼風險管理部的老總不肯為其說句話，如果他說的話，我也許會給他一點助力。這是後來風險管理部的老總和我在一次飯局中的談話，老總說，有一次他看見治國把接待用菸往口袋裡塞了兩盒，這事讓他徹底地否定了治國。

後來我讓小胖問治國，拿菸做什麼，小胖給我的答案是：治國想回家的時候帶給父親抽，因為父親沒抽過幾次好菸。

我當時的感覺，真是一個字：哎。

還是小胖點醒了我，說治國家境不是很好，也沒啥壞心眼，就是想給父親拿點菸抽，我一下明白了。

老總懶得去明白，也不想了解這孩子為什麼把接待菸裝走，但是這個細節，讓他徹底否定了這個優等生。

這不是什麼大事，但是這個細節讓其覺得治國討厭。

治國覺得有那麼多菸，拿幾盒給父親也沒什麼，讓父親嘗嘗好菸的味道。那些菸本來就是接待的，和偷壓根兒沒有關係。

但是就是治國的這份孝心，讓治國的形象在他們老總那裡大打折扣；也是因為沒有，這個沒有抽過幾次，讓治國沒有了機會。

我問小胖：要是你，你會拿嗎？小胖說自己買不行啊，這種東西實習生拿了不好，反正就是不好。

這就是差別，是小胖高尚不會有那種想法嗎？是小胖家裡可以買，不會去做。治國也許也知道拿菸不好，但是因為自己只是實習生，菸很好，自己買太貴，出於孝心就拿了，其原因還是家庭吧。

後來我知道是因為這件事，風險管理部的老總煩了治國，我也無法再為其說話，這個結果，真的有點無以名狀，是家庭的原因還是什麼？我也沒弄清楚。這孩子挺可惜。

故事中的治國和小胖，一個來自農村家庭，一個來自商人家庭。

後來這個樓主總結小胖和治國的行為差異的時候寫道：

總結了一下，家庭優越的孩子比較不惜財，相對性格也開朗一些，以前我一直覺得家庭普通的孩子應該更樸實一些，但是透過觀察這些孩子，再聯繫到自己的朋友、同事，真的，家庭環境差的大多都有些狡點，做事心理有計算過程，這個計算過程對父母來講是好事，比較節省，但是對自己的發展、交友、人生態度是一個很大的思維框架，往往會跟隨自己一生。

可能大多數女孩不會做得像治國那麼明顯，把菸揣到自己的口袋裡。但是很多時候，吃飯的時候是不是主動各付各甚至主動買單，同事幫你買了水是不是第一時間還給對方錢，別人讓你挑選零食你拿了多少，你自己買的零食有沒有分給同事，這些都會暴露你的品質。

總而言之，不要太惜財，如果你賺的不多，那就把精力放在賺錢上。

行為二：亂開玩笑，還說自己說話直

再也沒有比這更尷尬的了。前兩天我看到一個朋友在朋友圈裡義憤填膺地說：跟你開玩笑是看得起你，你得反思為什麼別人都開得起玩笑，就你開不起，你是太敏感了還是玻璃心？玻璃心就回家，別混社會了。

有趣的是，我這個朋友就是一個特別喜歡開玩笑的人，經常開一些別人無法接受的玩笑。你要生氣，他還說他就是這樣的人，說話不經過腦子。

「你別生氣。你還生氣啊？你怎麼這麼放不開啊？開不起玩笑，沒意思。」

成年人的基本涵養就是不讓別人受悶氣。

行為三：總是把錢掛在嘴邊

如果自己買得起奢侈品，用的都是名牌包包，千萬別張口閉口不離這些牌子。

如果自己買不起，看到別人買了，也要不卑不亢，在別人提起的時候順嘴誇獎一下，沒什麼難的。

最重要的是，任何時候都不要主動提起價格。

我有個白富美朋友，在回答別人「這個多少錢」的問題時，永遠是反問：你猜？

別人說出任何一個價格，無論是幾千還是幾百，她都會笑笑說差不多。

你永遠不會從她嘴裡聽到「這個多少錢」「這個花了我多少錢」，我覺得這樣很好。

除了這些，還有以自我為中心、沒有教養、不懂得「不要給別人添麻煩」等。

如果不想讓自己顯得庸俗，那麼女孩啊，先從自檢開始。

什麼細節會讓你顯得「高端」？

和一群人在一起的時候能夠顧及他人。

當你和一群人說話時，若發現周圍有被忽略的人，請主動找一個話題讓這個人也參與進來。

不給別人添麻煩是最好的教養。

我剛開始工作時，每個週末都會去圖書館看書。一次，我正在看書，一個背著書包的男生在我旁邊坐了下來。這個男生先是將書包放下，然後挪動座椅，坐好之後將書包裡的書和杯子取出來放到桌子上，所有的動作都非常小心，努力把聲音降到最低。雖然我沒有注意他的長相，但是我相信他一定是一個陽光帥氣的大男孩。

我上大學時，有一次晚上去洗衣房洗漱，洗到一半時一個女生拿著水盆來接水，因為當時洗衣房的人比較多，只有我旁邊靠牆的位置還有很小的空位，離我很近，於是她在接水時用一隻手擋在水盆邊上，不讓水濺到我這邊來。我對她微微笑了笑，雖然不認識她，但是感覺她一定是個溫柔可愛的女生。

不故步自封。

對於自己不知道、不了解的新鮮事物和看法，應該採取海納百川的態度，不要被自己固有的認知所妨礙。

當你發現自己的錯誤時，要有勇氣去承認，然後立刻更正。

不卑不亢，不炫富。

家境富裕，但從不刻意顯露出來，從不認為自己家境富裕就高人一等。

家境貧困，但不會仇視有錢人，當周圍的人談論奢侈品時不會冷嘲熱諷。無論與什麼階層的人打交道，都能以平常心對待。

有一定的「城府」。

說話能夠分清場合，不是所有事情都應當直截了當地說出來。

比如，你的朋友拿著男朋友的照片給你看，問你怎麼樣，此時無論你的看法是怎樣的，都應該給予適當的誇獎。同樣的道理，你對包包有研究，發現朋友背的品牌包是假的，這時不能直接指出來，如果擔心朋友被騙了，也要在沒人的情況下委婉地提醒。

總而言之，善良、謙虛、沉穩、有一定教養、懂得為別人著想，才是讓女孩子顯得高貴的最好品質。

▌9 活力才是快樂之源

我上精英班的時候，老師在第一節課提出一個問題：怎麼才能過快樂的生活？

同學們討論一番後，老師在黑板上寫下兩個字：活力。

「要想不過死水一樣的生活，首先要找到生活的活力，活力是我們生活快樂的源泉，也是我們應該追求的目標。」

起床要俐落，拖延只會增加你的痛苦係數

即便是再嚴寒的冬天，從起床到適應周圍的溫度最多也就需要幾分鐘的時間。如果你不願意起床，總想在溫暖的被窩裡多待一會兒，這只會延長你起床後痛苦的時間。

當你不想起床時，你可以告訴自己：起床只需要難受三分鐘而已。

起床後，先做幾個熱身動作，讓身體充分打開

如果時間允許，起床之後你可以先做幾個簡單的熱身動作，讓休息了一晚上的身體活動開。你也可以喝一杯溫水，感受水從喉嚨一路到胃裡，告訴你的胃起床了；或者是走出房屋，到外面呼吸一下新鮮空氣。

無論你起床之後先做什麼事，請記得在做這些事時告訴自己：

美好而嶄新的一天開始了。

想要生活更舒適，請制訂生活計劃

有時，我們會出現不知道該做什麼的狀況，這種狀況會給我們帶來壓力。

事實上，當你的生活有計劃時，你就會變得平靜而充實。

調整好自己的狀態再出門

當你感覺狀態很糟糕時，會不願意見任何人，也不願意做任何事情，不自信心理同時產生。所以，在出門前先要調整好自己的狀態，人們總是願意和自信滿滿的人打交道，而不喜歡萎靡不振的人。

面對忙碌要學會休息，不要被壓力擊垮

很多人有這樣的感覺：一天到晚都非常忙，但仔細算算，其實做的工作並不多。

為什麼工作不多，你卻又忙又累？這是因為你沒有學會休息，你的大腦以及身體沒有得到適當的休息，一直都在低效率運作。

　　據專家研究，人保持注意力集中的時間是四十五分鐘左右，並且在開始的十五分鐘和結束前的十分鐘做事效率是最高的。所以，你要學會將自己的工作進行分割，隔一段時間就讓自己休息一會兒，讓工作形成一種節奏。

　　這樣，一天下來，你會發現自己的工作效率始終很高。

睡眠是一種休息，別讓休息成為你的壓力

　　人的一生大約有三分之一的時間是在睡眠中度過的，良好的睡眠對於人的身體健康和心理健康都非常重要。然而，正是因為知道睡眠的重要性，一些人在睡眠時非常緊張，擔心自己睡不著，結果越擔心越睡不著，越睡不著越擔心，形成惡性循環。

　　其實，你沒必要為睡不著而擔心，入睡前你可以想像自己在一片草地上漫步，或者將注意力放在呼吸上，感受空氣進入自己的身體再出去，慢慢地降低呼吸頻率。你也可以從網路上搜索有助睡眠的音樂，聽著音樂入睡。

適當的休閒是絕對有益的

　　休閒並不是娛樂，這兩者之間還是有區別的。休閒可以讓你身心放鬆，當你結束一天的工作之後，可以出去散散步、聽聽音樂，總之就是做一些你喜歡做又能讓你內心感到平靜的事情，這會讓你的身心都得到休息。

作息規律

　　良好的作息習慣也是十分重要的，你可能因為工作或者其他原因，不能早睡早起，這也沒有關係，你只要保證自己的作息時間規律就可以，也就是每天入睡和起床的時間一致，這樣生物時鐘也能規律起來。

永遠保持開放的心態，不要隨便否定未知事物

　　我不知道大家有沒有注意，有些上了年紀的人不喜歡變化，不喜歡新鮮事物，喜歡否定一切。

大多數老年人都是這樣的，有些中年人甚至也是如此。他們對生活的任何變化、任何新事物都持否定和批評的態度。

總之，一切都是過去的好，而過去常常是很多年以前。

當你也開始否定一切的時候，就是你失去活力的時候。

不要成為否定一切的 A 小姐

我的朋友 A 小姐，是一個喜歡否定一切的人。無論碰到什麼事情，她都會以負面的態度來看待，不管是對自己還是對其他人，都是如此。

對於自己的工作，她的評價是：「沒有什麼前途。」

對於自己的主管，她的評價是：「沒有什麼能力卻總是一意孤行。」

對於自己的客戶，她的評價是：「什麼都不懂還特別挑剔。」

總之，無論什麼事情，她都會予以否定。

一次，A 小妞所在的公司有一個中層管理職位空缺，要進行內部競聘，她也參加了。從綜合情況分析，A 小姐各方面條件都比其他競爭者有優勢，她的資歷深，能力也很強，公司主管也想讓她得到晉升，但她自己卻並不知道。

A 小姐又放棄了，雖然她想得到這個職位，但是她對自己予以了否定。

「競聘的人有好幾個，個個都比我優秀，我勝出的可能性不大。我還是安心做好自己的工作吧，不用抱太大希望。去試一試就可以了。」

結果可想而知，抱著這種態度，在競聘過程中自然不可能全力以赴，最終這個職位被其他同事得到，而且公司主管對她的看法也發生了變化，她也感覺到了，但就是不知道為什麼。

像 A 小姐這種性格的人在生活中並不少見，究其根本是因為懦弱，繼而不斷否定，同時，這也是為自己的不努力找藉口。

不願意努力、不願意改變、不斷否定，是人生停滯的開始。

很多時候，我們距離成功是非常近的，但因為我們不願意努力，不斷地否定自己，結果往往導致失敗。

害怕失敗，就會導致你害怕去嘗試，也就不敢全力以赴去做一件事。

「希望越大，失望越大」。如果你都沒有嘗試過，又怎麼知道一定會失敗呢？

我想很多人都是如此。

▋10 目標導航：幸福

過有目標的充實而愉快的生活

在我們步入社會之後，經常會這樣感慨：從同樣的一所大學畢業，年齡一樣，老師一樣，甚至家庭背景也相差無幾，但是短短幾年時間，就會產生巨大的差距。這種差距讓那些混得不好的人非常不解，原本在學校時大家都一樣，為什麼現在差距這麼大呢？

我就自己多年的觀察得出一個結論：那些在畢業之後很快混得風生水起的女孩，往往是因為在學校的時候，就已經給自己制訂了一個大目標，然後將這個目標層層分解成小目標。她們每天都在為自己的目標努力，一個個小目標在她們的努力下陸續達成，最終，她們達到了自己的大目標。

所以，我們的目標是：過有目標的充實而愉快的生活！

目標讓你更幸福

設定一個正確的目標，不但能幫助我們更好地完成任務，還能讓我們產生幸福感。

有些人可能覺得每天吃喝玩樂，生活無憂無慮，才會有幸福感。

實現目標一聽就感覺非常困難，做這麼困難的事情怎麼會有幸福感呢？

而事實並不像人們想像的那樣，比如很多人期待自己早日退休，因為退休之後不用工作，還有收入。但當他們真的退休之後才發現，生活並不像他

們想像的那樣美好，相反，更多時間是在悶悶不樂中度過的，這就是因為失去了奮鬥目標。人生無論處於哪一個階段，一個正確的目標都能夠讓你的生活充滿激情和快樂。目標是要付出辛苦和努力才能達到的，這就意味著你將面對挑戰。挑戰會帶來緊張和刺激感，這種感覺會讓你的潛能不斷被激發，成就感會成為你幸福的源泉。

你可以先制訂一個大目標，然後將這個目標進行分解。也許這個大目標需要十年才能達到，你可以將其分解成未來十年內每一年你要完成的小目標，然後再劃分到每個月，每個星期，甚至每一天。

當你面對每天的目標時，就不會有壓力了，原本對目標的懷疑，會轉變成為達到目標而努力。這時，你的生活將會發生翻天覆地的變化。

目標能夠激勵我們前行，給我們平靜的生活注入激情。雖然目標的實現無法產生持續的幸福感，但是我們在實現目標的過程中將找到長久的幸福感。

那麼，如何設定自己的生活目標呢？

設定一個明確的目標

不論你現在多大年紀，是上學還是工作，是在小公司還是在大企業，設定一個明確的目標對你都大有裨益。

需要注意的是，你設定的目標要足夠明確，因為一個不夠明確的目標你是無法評估自己是否已經完成的。

比如你可以將自己的目標設為：在三十天之內，要建立一個微信公眾號，公眾號的粉絲要超過一千人。

這個目標就十分明確，如果你設立的目標是：在未來學會微信行銷。這個目標十分模糊，你將沒有去完成的動力。

你在設立長遠的大目標時要注意，這個大目標要被分解成若干小目標，而這些小目標也必須明確。

一個明確的目標包括以下幾個元素：

時間、內容、可以量化的結果。

比如你給自己設定的薪資目標是：兩年之內（時間）在自己所在的行業（內容）達到年收入二十萬元（可以量化的結果）。

你的減肥目標是：六個月內（時間）透過節食和運動相結合的方法（內容）使體重下降五公斤（可以量化的結果）。

避免無意義、無法量化的目標。

我們在設定目標時就說過，設定的目標必須要足夠明確，能夠被量化，這樣你才能驗證自己是否完成了目標。經常有人給自己設定這樣的目標：一個月內將某某課程全部看完。

這種目標制訂得有意義嗎？你在一個月內將課程都看完了又能怎樣？看完就是消化嗎？你能夠得到的結果是什麼？

這種目標就是無意義、無法量化的目標。

對目標進行分解

制訂好目標之後，先問自己一個問題：你需要滿足哪些條件才能達成自己設立的目標呢？

達成目標所需要的每一個條件，都是你將大目標分解出來的小目標。

如果你不知道達成自己的目標需要滿足的條件，那麼我有個非常簡單的方法介紹給你。

比如，你目前的目標是兩年內，在廣告行業達到年收入二十萬元。目標確認之後，首先要去徵才網站搜尋廣告行業的徵才訊息，看那些年薪達到二十萬元的工作職位有哪些條件限制，這就是你達成目標所需要滿足的條件。你的目標應該是一個一個滿足那些條件。

此外，如果你想要在廣告行業達到年收入二十萬元，那麼首先要做的，就是進入廣告行業，所以分解出來的第一個小目標應該是：「在一個月之內進入一家廣告公司」。

然後對這個分解出來的目標再次分解。

我們需要做哪些事情才能在一個月之內進入一家廣告公司呢？

首先，我們需要花費一到兩天的時間製作一份簡歷。

其次，在半個月之內做出兩份作品，面試時使用。

最後，再利用七天時間，詳細了解自己要去應徵的公司，熟悉公司的所有情況。剩下的時間就是為 HR 的提問做準備。

這時，相信你已經明白，當你設定一個目標之後，是可以不斷對該目標進行分解的。

要分解到：你可以知道自己每一天的計劃。

這樣你就不會無所事事地度過一天又一天。每完成一個分解出來的小目標，都會讓你與最終目標的距離更近一步。

付諸行動

只有目標，不去實現，那就沒有任何意義，只有配合行動才會有結果。

行動會影響你的態度，增加你的自信心。習慣是我們培養出來的，同時也會對我們產生影響。如果我們改變了自己的態度，但是習慣卻沒有改變，那麼過不了多長時間，態度就會受到行為的影響又回到原來的狀態。所以，你頭腦中各種積極向上的想法說明不了什麼問題，除非你已經開始行動。

不要再拖延，從現在開始行動，雖然改變習慣非常難，但是實現目標沒有其他捷徑。一切從努力行動開始，最終你將會收穫快樂和希望。

我有一位叫楠楠的朋友，她身高只有一五五公分，但是體重卻有九十公斤。據我所知，她這些年總是因為體重被嘲笑，而她也一直在減肥，卻沒有什麼效果，反而越來越胖。

楠楠第一次決定減肥是在她上高中時，當時她六十公斤，同學們總是拿體重開她的玩笑，於是她下定決心要減肥。

當時她採用的方法是節食和跑步，每天早上繞操場跑六圈，下午再跑六圈。

到第五天時，已經吃了幾天青菜的楠楠看著餐廳的炸雞腿、紅燒肉，再也禁不住誘惑，大吃起來。於是，第一次減肥計劃失敗。

可怕的事情還在後面，因為連續幾天吃不飽，這讓楠楠在恢復正常飲食之後出現了暴飲暴食的情況，並且她身體的基礎代謝率發生了很大的變化，在減肥失敗之後的幾個月裡她又長了二十公斤。

之後便進入了大學。

剛進入大學的楠楠體重已經達到八十公斤，這讓楠楠很自卑，但是第一次減肥失敗後體重的增加讓她心有餘悸，所以不敢再輕易嘗試減肥，只是將減肥掛在嘴上。

沒過多久，楠楠暗戀上一個男生，為了自己的愛情，她決定拚了，開始了第二次減肥。

和第一次一樣，第二次減肥她也只堅持了幾天，然後又被美食所擊敗。之後，她的體重又迅速增加，成為了九十公斤。

之後楠楠再也不提減肥了，因為她對減肥、對自己都已經失去了信心。

要知道，只有目標沒有行動，或者行動總是半途而廢，往往比沒有目標更糟。

練就四項能力，幫助你實現自己的目標

有四項能力能夠幫助你把目標變成現實：開始做一件事的能力、堅持的能力、反覆做一件事的能力和突破的能力。這四項能力看似簡單，但你仔細分析就會發現，絕大多數人並不具備這四項能力。

開始做一件事的能力

也許你曾多次想學習這樣或者那樣的技能，但最終都不了了之。

假如你在上大學，現在想要多學習一個專業，但是你連那個專業的基礎課都沒上過，也沒有去上課的計劃，自然不可能學會。

堅持的能力

關於這一點，相信很多人都有體會，任何事情都需要堅持才能成功，否則只能失敗。你開始學習一種新的技能，但是只有短短幾天的熱情，一面對困難就不願意學了，這就等於沒學過。如果不學會堅持，那麼你終將一事無成，碌碌無為。

反覆去做同一件事的能力

失敗會使人產生恐懼，進而不願意再去嘗試，害怕再次面對失敗。而有些人即使做一件事成功了也不願意去重複，認為既然已經成功了就沒有必要再重複做了，可是很多知識和技能都是需要不斷重複來鞏固的。不具備反覆去做同一件事的能力，只會讓之前的成功轉變成失敗。

突破現狀的能力

很多人在進入一個自認為滿意的狀態後，就不願意再向前有所突破，拒絕新知識和新觀念，認為自己所掌握的東西已經足夠了。

這種情況在三十歲以上的人身上出現得比較多，而他們卻並沒有意識到自己已經成為「老頑固」。在當今社會，競爭激烈，人生如逆水行舟，不進則退，不願意接受新鮮事物最終結果就是被淘汰。

現在你需要做的，就是分析自己的自我管理出了什麼問題，是什麼事情造成的。是什麼讓你不願意開始做一件事情？是什麼因素導致你不能將一件事情堅持下來？你為什麼無法反覆做一件事？你為什麼不能突破現狀？然後針對出現的問題找到解決問題的方法，逐個去解決。

【外貌修練篇】
在練就金身的征途上斬妖除魔

▌11 顏值不高，也能使形象大變身

美人就是好身材、好皮膚、好頭髮

有一位朋友曾對我說：「所謂的美人就是身材好、皮膚好、頭髮也好。」

我剛聽到這個說法時感覺有些簡單粗俗，但仔細想一下，確實有些道理。

第一要素：身材勻稱。一個女孩只要身材勻稱，不論是高是矮，是胖是瘦，只要不是太出格，給人的第一印象都不會太壞。

身材過關，再細看皮膚，若皮膚光滑而緊緻，就能夠讓人賞心悅目。

而頭髮則是一個人整體形象中非常重要的一部分。頭髮柔順光亮，再加上之前的身材和皮膚，那必然就是一個美女。相比之下，五官的重要性反而在其次了。

有點不好意思地說，我就是典型的「天生長得一般，硬性條件只能打六分，但是常常被認為是美女」的人。

這些年，我遇到過很多「顏值」優於我，卻不被認為是美女的人。

看起來不夠美，固然有先天因素和後天環境的限制，但是還有很多可提升的分值是掌握在你自己手裡的。

那麼接下來，我們就來討論一下顏值不高的女孩該如何變美。

外貌＝先天條件分值＋後天分值

我家樓下有個小超市，我幾乎每天下班都要去買瓶礦泉水或者其他東西，那天我買的東西比較多，結帳的隊伍也排得很長，我百無聊賴，就四處觀望。

我注意到我前面的女孩的手形很好看，然後我看到她的個頭有一六七公分左右，雖然穿著平底鞋，仍然顯得很高挑，她是典型的鵝蛋臉。但是她的缺點也很明顯：頭髮的顏色很糟糕，因為太久沒補染，顏色明顯分層了，隨意地紮在一起，顯得很亂。她身材微胖，臉上的膚色有點暗黃，再加上眉毛

稀疏、唇色暗淡，所以五官看起來並不出色，但我卻瞬間意識到這是一個美人胚子。

電影《穿著 Prada 的惡魔》中，即使是安·海瑟薇這樣的大美人，在不認真打扮的情況下，也沒有人把她當成美女。電影固然有誇張的成分，但是電影一開始安的隨意，和後半段中打扮後的魅力四射（如圖 11-1 所示），無疑形成了鮮明的對比。

圖 11-1《穿著 Prada 的惡魔》安· 海瑟薇大變身之後

所謂的美人胚子就是硬體和骨骼都過關，只要好好打扮打扮，化個妝，就能讓外貌分值提升百分之四十以上的女孩。

如果一個人的外貌有百分之六十是先天決定的（大多數人分數相差不大，如果六十分是滿分，美女和普通女孩的先天分值可能是五十五分和三十五分的差別，差二十分左右），那麼，至少有百分之四十的後天分值是你可以爭取的。

如果你的先天分數是三十五分，那麼你只要後天分數也得到三十五分，你的整體分數就能到七十分。而一個顏值高的美女即便先天分數是五十五分，卻不注意打扮、邋裡邋遢，後天分數只有十五分，那麼她的整體分數加起來也才七十分，和你一樣。

除了我，沒有人注意到這個女孩是個潛在的美女，可能她自己也沒有注意到。

你可能要非常努力，才能和先天就美的人分數差不多，但是美就是美，當別人看到你的時候，只看結果，不問過程。

外貌美不美，主要受什麼因素影響？

影響顏值的因素有很多，綜合來說，這些因素的排列為：

身材→儀態→服飾→皮膚→牙齒（整個下顎骨）→頭髮（按照重要程度排列）

在這幾種因素中，任何一方面有不理想，都會影響別人對你的外貌的觀感。

舒淇和莫文蔚都被人們認為五官很普通（當然我覺得她們長得非常有味道），但卻不影響她們是美女的事實，因為她們始終保持姣好的身材、優美的身姿和良好的品味，更不要說頭髮和皮膚的狀態了。

身材、皮膚、穿著、牙齒、頭髮、儀態，這些都是你可以透過自律和努力來使其更加完美的。

只要後天努力修練，每個女生都可以變得更美麗。

有部香港老電影叫做《豬扒大聯盟》，豬扒是香港話，意思是超級醜女。在這部電影中，有四個超級醜女，都是由現實中的美女演員扮演的（如圖11-2所示）。

圖 11-2 香港電影《豬扒大聯盟》劇照

　　她們在電影中，因為禿頭（頭髮）、齙牙（牙齒）、男人婆（其實是體毛和穿著的問題）等問題成為別人眼中的醜女。

　　美女會因為頭髮、牙齒、穿著等問題變成醜女，相應的，當醜女改善了這些狀況，就可以大幅度提高自己的顏值。

　　關於皮膚保養的問題，本書有專門的章節介紹，關於穿衣和體態（練就芭蕾氣質）在其他章節將做詳細的論述。

　　簡單來說，你需要做的是：保養皮膚、改善牙齒、保養頭髮、學會化妝、學會穿搭、保持體態。

　　做到這幾點，你就會有翻天覆地的變化，尤其是那些不懂保養，平時從未認真保養過的女孩。

▌12 女神們都是保持美貌的

自律是美貌的第一生產力

　　外貌的美需要嚴格的自律，一個沒有自制力的人是不可能在先天顏值一般的情況下成為美女的。

　　成為美女需要自律。

就是那種即使加班到深夜，回到家也要先躺著敷二十分鐘面膜再睡覺的自律。

就是那種嚴格控制飲食，任何時候都不喝飲料，哪怕體重只上升了一公斤，也會立刻加大運動量的自律。

就是那種為了皮膚好，從最喜歡喝酒吃辣。變成堅決不喝酒不吃辣的自律。

就是那種曾經最愛吃甜食，但是已經 N 年沒有踏足過麵包店、甜點店的自律。

就是那種游泳、跑步，從來不懈怠鍛鍊的自律。

就是那種從生完寶寶開始，每週堅持做至少三次瑜伽的自律。

她們更重視牙齒

口腔健康是人體健康的一面鏡子，是全身健康的重要組成部分。

健康的口腔的標準是：牙齒清潔、色澤亮白、沒有蛀牙、牙齦健康、口氣清新。女神往往更早地意識到牙齒對美麗來說是多麼重要。

牙齒是非常非常重要的！

無論其他部位多美麗，如果牙有問題，那就註定與美女無緣。

牙齒是容貌的重要組成部分，健康的牙齒給人以美的感覺。牙齒不齊的請矯正，有智齒橫生的請拔掉，齙牙的、骨性問題的、齲齒的，都要盡早治療。

她們更重視細節

當一個女孩能夠讓人看上去賞心悅目時，她就會開始追求細節。

這些細節包括：

‧頭髮的顏色與自己是否匹配。很多女孩喜歡染頭髮，如果染成深色可以維持三四個月；但是有些女孩喜歡染淺色，而且沒有及時補染，時間長了頭髮就會出現明顯分層的情況，非常難看。

· 指甲也是需要注意的細節。一個人的乾淨以及精緻程度，只要將雙手伸出來看一下指甲就一目瞭然了。另外，指甲的顏色也需要注意一下，原則只有一個：只要適合你的膚色和氣質就可以。我自己比較喜歡天然的肉粉色，如果不滿意自己指甲的天然色，可以選擇一款其他顏色的指甲油對指甲進行修飾。淺粉色以及淡紅色，適合走溫柔路線的女孩，豆沙色適合成熟的上班族女性。

· 衣服上的細節也需要注意。夏天穿衣服不要太過暴露，穿露肩衣服時要搭配無肩帶內衣，不要選擇透明肩帶的內衣，絲襪出現勾絲、破損時不要再穿，冬天的襪子要注意是否起毛球。

· 最重要的就是個人衛生，洗臉洗頭屬於日常必做的事情，就不多說了，這裡需要提醒的是指甲、脖子以及耳朵這些容易被忽視的部位。

▍13 給你的減肥計劃確定一個週期

減肥週期應該多長

減肥首先要制訂一個目標，即你想要達到的體重，然後根據自己現在的體重，計算出自己要實現目標需要減去的重量。

最好將你的目標體重再下調一至一點五公斤，減過肥的女孩都知道，減肥結束後會有反彈，所以下調一至一點五公斤是給反彈留出的空間。

每個星期減少零點五至一公斤是比較健康的，當然這不是固定的，體重基數不同減重也不同。六公斤以下屬於小基數，每週能減少零點五公斤已經非常好了；六公斤以上屬於大基數，每週的健康減重範圍是零點五至一公斤，美國運動醫學會給出的標準是每週減少一至三磅即為健康減肥。

比如，目前你的體重是六十五公斤，你想要將體重減到五十二點五公斤，那麼你需要減少的重量就是十二點五公斤。我們按照一週零點五至一公斤的減重速度來計算，可以得出你的減肥週期大概為二十一週。

減肥速度如果超過了每週零點五至一公斤，就有可能對你的身體健康造成一定的影響。

　　通常，減肥要堅持三至六個月才能有較好的效果。

短時間內快速減肥能做到嗎？

　　短時間內快速減肥是可以做到的，但這是有代價的，代價就是你的健康。快速減肥的方法會改變你的基礎代謝率，而且同樣會快速反彈。

　　所以，不要想著在短時間內瘦下來，以健康的方式減肥才是最重要的，在健康的減肥過程中改變過去錯誤的生活方式。

　　一般在減肥初期，從飲食上進行控制會取得明顯的效果，但是到減肥後期，飲食控制就沒有太大作用了，運動是減肥後期的主要方法。

　　而且，在你減肥成功之後，運動也不能停止，因為你需要透過運動來保持自己減肥後的身材。

最佳運動頻率：每週六天、每天六十分鐘

　　只有高頻率的運動才能夠減脂，因為減脂是所有熱量消耗的綜合結果，所以減脂的運動頻率一般要達到一週六天。

　　美國運動醫學會（ACSM）對於減脂給出的建議是，每週訓練必須保證至少五天，最好能達到六天，並且運動時間也有要求，每次不少於三十分鐘，只有達到三十分鐘以上，身體才會開始減脂。每次運動九十分鐘、一週運動七天，能夠取得的減脂效果更好。

　　平時的活動也可以打折計算進運動時間，所以每天專門運動的時間達到六十分鐘，減脂的效果就很容易顯現出來。

　　當你身體熱量的消耗超過你的熱量攝入，才能減肥，我們稱之為負平衡。

　　想要達到負平衡，除了透過運動來增加熱量的消耗，還需要對飲食進行控制，減少熱量的攝入。

當你運動消耗大量熱量後，身體會產生饑餓感，如果你不對飲食進行控制，就會不經意間攝入過多的熱量。最後的結果就是：雖然你運動消耗了熱量，但是由於毫無節制地吃喝，攝入的熱量多於消耗的熱量，無法達到負平衡，減肥失敗。

所以，減肥要將運動和控制飲食結合起來，才能達到效果。

什麼運動減脂效果好？

· 各個部位都要參與。

· 可持續的有氧運動。

· 不要對關節產生太大壓力。

能夠同時滿足以上三個條件的運動，減脂效果最好，比如游泳、橢圓機等。

HIT 是現在比較流行的減肥方法，指的是高強度間歇性運動。

但是在我看來，這種方法是否適合所有人還有待商榷。雖然使用 HIT 能夠在短時間內消耗大量卡路里，但是這種運動強度較大，會給身體帶來負擔，很多人的體質根本不適合。

而採用游泳、橢圓機等運動就不會有身體負擔不了的問題。

雖然這些運動在單位時間內消耗的卡路里並不多，但是在做這些運動時也不會對人的生理造成壓力，可以長時間訓練。你可以在橢圓機上跑一個小時，也可以在游泳池裡游一個小時甚至更長時間，都不會對身體造成傷害。如果你每天堅持運動一個小時以上，長此以往，累計消耗的熱量也十分可觀。

給自己制訂運動計劃

在你制訂運動計劃之前，首先要確認你的身體是否處於健康狀態。比如，你的膝關節有沒有損傷、你的腰部是否能做劇烈運動等。

定期體檢對運動來說也十分重要。

如果你的身體某一方面存在問題，而你卻不知道，還強行運動，那麼就有可能造成很嚴重的後果。

制訂自己運動的頻率：一週運動五至六次，每次六十至九十分鐘。

每週給身體留一至兩天的恢復時間（如表所示）。完整的週期應該是二十八天以上。

正確的運動步驟 （減脂原理：無氧訓練結合有氧訓練。）				
第1步	熱身	熱身是為了在接下來的運動中不受損傷，所以每個部位都要充分活動到。充分活動全身關節，鋪以簡單的柔韌性訓練。	重點部位：頸部、腕部、肩部、膝蓋、腰部、踝關節。	10分鐘
第2步	無氧訓練	依次訓練自己的胸部大肌群、腿部和臀部肌群、腹部肌肉和肩背肌群。	要點再循序漸進。把每個動作都做到位。一開始可以選擇其中一兩項做。訓練後期，肌肉力量增加，可以試著增加項目。	10~15分鐘
第3步	有氧訓練	跑步、橢圓機、跳操等都是有氧訓練。	心率要達到自己的燃脂心率。燃脂的關鍵步驟是提升心率，一定要達到燃脂心率，才有減肥效果。	30~40分鐘
第4步	拉伸	拉伸頸、肩、臂、背、腰、髖、臀、腿、手和腳	拉伸是最後一步。同時也是不可缺少的一步，認真做拉伸，能夠使你的鍛鍊效果事半功倍。	5~10分鐘

終生保持好身材的祕密

很多愛美的女孩都在減肥，但是真正能成功並一直保持好身材的女孩卻鳳毛麟角。

終身保持好身材其實特別簡單，就是科學合理的飲食，加上運動，最重要的是，提高基礎代謝。

祕密一：科學合理的飲食

控制飲食對於減脂來說非常重要。保證每天攝入合適的熱量，具體為不高於基礎代謝率，不低於基礎代謝的八〇％，攝入過多會影響減肥的效果，而攝入太少又會讓基礎代謝率降低，也不利於減肥。

飲食構成可以參考這一比例：蛋白質四〇％，碳水化合物四〇％，蔬菜二〇％。

低熱量、低脂肪同時具有高蛋白的食物是最理想的。

我建議從以下幾種食物裡攝取所需的蛋白質：水煮蛋（不要蛋黃）、水煮雞胸肉以及大多數的魚肉。有人會疑惑為什麼沒有經常吃的牛肉、豬肉和羊肉呢？因為這些肉屬於紅肉，熱量比較高，所以不建議吃，碳水化合物主要來自粗糧，比如南瓜、玉米等，蒸或者水煮的方法都可以。

蔬菜：綠葉菜都可以。

零食：我對於零食的態度是儘量不要吃，如果實在想吃可以選擇無糖優酪乳，或者將堅果當成零食。蛋糕和巧克力這些高熱量的零食一定要杜絕。

祕密二：選擇適合你的運動

長時間的有氧運動是最適合減肥的運動。

高強度的有氧運動，可以保證身體熱量的消耗。

中等強度和低強度的有氧運動適合沒有運動基礎的新人，與減脂的效果相比，讓沒有運動基礎的新人堅持下來更重要。比如，一項低強度的運動一小時能消耗兩百卡熱量，你可以堅持兩個小時，並且不至於讓自己感到痛苦，這樣算下來一次運動就可以消耗四百卡熱量。而一項高強度的有氧運動每小時可以消耗五百卡熱量，但你卻連半個小時都堅持不了，一次算下來才消耗不到兩百卡熱量，而且身體感到十分勞累，還可能因此而產生放棄的想法。

你的身體每天支出的熱量是：基礎代謝＋活動代謝（運動以及日常活動所帶來的消耗）。

大家都聽過「基礎代謝率」這個詞，但未必都知道是什麼意思。基礎代謝就是指你的身體處於絕對靜止的狀態下所消耗的熱量。性別不同，基礎代謝也有所不同，成年女性的基礎代謝一般在一千兩百至一千四百卡，而成年男性則要高於女性，在一千四百至一千六百卡，這就是為什麼有些男性雖然吃得很多，但卻不容易發胖的原因。

想要減輕自己的體重，首先要控制飲食，每天攝入的熱量不要超過支出的熱量。

其次要透過運動增加熱量的支出，維持或者提高基礎代謝。

祕密三：提升基礎代謝

要點一 少食多餐

完全一樣的兩份食物，你分三次吃完和分五次吃完的減肥效果是不一樣的。

比如，你今天計劃吃的食物一共含有一千兩百卡熱量，通常是三次吃完，當你分成五次吃完時，就比三次吃完更有利於減肥。

要點二 注意保暖

人體的溫度和基礎代謝密切相關，具體關係是：體溫每升高一度，基礎代謝就會增加十三％。所以，保證自己的體溫，能夠有效提高基礎代謝。

你可以透過一天中多次運動來提高體溫，也可以採用多穿衣服、熱水泡腳等方法來提高體溫。

要點三 多運動

運動在消耗身體熱量的同時，還會將人體的基礎代謝率提高。

平時很少運動的人的基礎代謝率要低於經常做運動的人，每週至少要做兩次重量訓練，器械訓練以及伏地挺身、深蹲走等自重訓練，新手可以參考《囚徒健身》，裡面有循序漸進的訓練方法。

每週不少於兩次有氧訓練，比如跑步、橢圓機、跳操等。

每週不少於兩次柔韌性訓練。

14 所有的女神都！健！身！

瘦成人乾，真的好看嗎？

這是一個以瘦為美的時代，女孩子們都追求瘦，一七〇公分的身高恨不得體重不到五十公斤，一六〇公分的身高目標是減到四十公斤。

這種病態的審美觀往往在學生時代就形成了，有時成年後也無法改變。各種娛樂新聞和時尚雜誌告訴人們：只有瘦才是美，甚至勻稱都不如瘦更美。

真的如此嗎？

有一次我和一個特別瘦的女孩一起去買衣服，她的公司開年會，要穿那種緊身的小禮服。

我們兩個興高采烈地到了品牌店，她很快就選好了一條剪裁簡單又貼身的黑色小禮服。

結果她從試衣間出來，我不自覺地想：太難看了。

最小號的禮服就像掛在她身上，她轉了一圈，前面是平的，後邊臀部竟然是凹下去的。

她也非常尷尬，趕緊脫下重新選了一件蓬鬆的白色小禮服。

從那以後，我去健身房她就跟我一起去，還和我一起烹製健身餐，一起研究怎麼增肌。她現在再也不是一個乾巴巴的瘦子了，前凸後翹，大腿緊實，各種類型的禮服都適合。

去年體檢時，她的體重達到了五十五公斤，足足重了十公斤。

我問她：「是不是懷念自己四十五公斤的日子？」

她說：「從來沒有！」

病態美已隱退，健康美正流行

在我看來，比起乾瘦乾瘦毫無肌肉的纖弱身材，健康勻稱、活力四射的身材更值得稱道和追求。

最無可爭議的美就是健康美（如圖 14-1 示示）。

什麼氣質什麼風格都在其次，好身材本身就是性感。

在電影《尋龍訣》中，當時三十九歲的舒淇身材健美、柔韌、纖細，同時又有一種力量感。毫無疑問，舒淇經常健身，良好的體態讓她看起來就像二十多歲。

而有些女星，臉蛋非常漂亮，但是或是靠長期節食擁有了看起來營養不良的身材，或是不忌口不運動有著和美麗臉蛋違和的僵硬的身材，美嗎？答案當然是否定的。

身材勻稱、柔韌，通常也意味著強大的自制力。任何事都需要堅持，身材也是如此。

圖 14-1 最無可爭議的美就是健康美

自制力就是一切。

能站著就別坐著，能走著就別站著。

我減肥有一條原則：能站著就不坐著，能走著就不站著，讓自己忙碌起來。

站著比坐著更能提高基礎代謝。要減肥，除了控制飲食減少攝入量，做有氧無氧運動增加消耗之外，藉由多站立多行走提高基礎代謝是最簡單的方法。

▌15 為什麼你從鏡子裡看到的全是缺點？

美女啊，你太自卑啦！

我周圍有一些漂亮女孩，如果讓她們說一下自己外貌的優點，大多數人說不出來，甚至有些人會說：我也不知道我的外貌有什麼優點。

但是如果讓她們說一下自己外貌的缺點，那大多數人都能如數家珍般地說出好幾個。

「我的頭髮太糟糕了，稀少、乾枯、分岔、髮際線較高，我的鼻子上有黑頭，臉上皮膚差、容易出油⋯⋯」這樣評論自己的女孩，其實在我眼裡非常漂亮。

「我的身材還是太胖了。」說這句話的女孩，其實體重是五十九公斤，對於身高一六五公分的她來說，雖然不算苗條，但也算不上太胖。

看到這裡，相信你已經發現問題所在。

不要對自己的缺點太在意，因為外表其實是個整體概念。

大多數人對自己的缺點十分在意，那些在普通人眼中很漂亮的女孩，對自己的缺點也是相當自卑。

對缺點的過分注意，會讓我們忽視自己的整體，導致我們將大部分精力放在掩飾自己的缺點上。

然而我們評價一個女孩是否漂亮時。更多的是從她的整體來判斷，而不會去關注她的某個缺點。

　　如果整體是漂亮的，那麼局部的缺點並不會改變我們對這個女孩的印象，這些小缺點還有可能成為她身上另類的美。

　　周迅是我心目中的女神，很多人在評價周迅時都說「她太矮了」，但是我們可以從另一個角度考慮，如果將周迅的臉放到一個一七〇公分的身高上，那這個人還是周迅嗎？這樣的搭配會不會讓人有違和感？

　　當你的整體形象足夠優秀時，你的缺點也會成為一種特點。就如同周迅，嬌小的身材讓她更顯靈氣。

　　在對個人形象塑造的過程中，整體才是你最需要考慮的。你在照著鏡子分析自己的外貌情況時，要有大局觀，不要對局部的缺點耿耿於懷，要從整體上對自己做出判斷。比如自己的穿衣風格與自己的髮型是否搭配、鞋子的風格與衣服的風格是否衝突、膚色與衣服的顏色是否協調等。

　　整體的美感才是最重要的。

▍16 抗衰老這件小事

保養：「皮」「肉」均有，內外兼修

　　年齡是很多女人不願提及的話題，但是你也會發現一些實際年齡已經不小了，看上去卻如同大學剛畢業一樣的女人，這就是保養造成的作用，延遲了衰老。

　　臉部由皮膚和肌肉組成，而臉部的保養方法也相應分為外在保養和內在保養。

　　對於皮膚的保養分為三步：清潔、保濕和防晒。在你做好了皮膚的清潔和防晒之後，其他護膚品基本都是為了讓皮膚保持濕潤。

　　臉部的內在保養要求你有一個良好的作息習慣，保證充足的睡眠。另外，心情也會對身體產生影響，良好的心情也會延遲衰老。

關於頸部護理

頸部也是需要重點關注的部位。我的頸部基本沒有皺紋，這和我很早就開始使用頸霜有很大關係，同時，我在使用化妝水時，也會用在頸部。你在塗上頸霜按摩時，記得要從下往上按摩，這樣頸部皮膚才能很好地吸收。另外，做瑜伽或者游泳也對頸部保養有好處。

知名品牌的頸霜是個好選擇，如果預算不夠，那麼平價頸霜也是可以的。

大部分人會將保養的重點放在臉部，而忽略了頸部。其實頸部很容易暴露你的真實年齡，手部和肘部也是容易暴露年齡的重點部位。

關於鬆弛

很多朋友說我的心態非常好，其實我偶爾也會狂躁，只是他們沒有看到而已。我狂躁的原因就是肌肉鬆弛，鬆弛會讓人看上去很老。

鬆弛是我非常擔心的，因為鬆弛是一個人衰老的標誌。

現在你可以去照照鏡子，仔細觀察自己的面部，看有沒有鬆弛的跡象。如果發現已經有了鬆弛的跡象，那你今後就需要對面部肌膚進行重點保養了。

有了鬆弛的跡象應該如何應對呢？我的答案就是每天堅持按摩，網路上有很多關於臉部按摩的影片，照著影片去做，長時間堅持就會有效果了。

保養並不複雜，重要的是要能堅持，只有堅持才會有效果，這需要極大的毅力才能夠做到。

我經常在網路上研究明星的照片，結合她們的年齡和保養情況，我發現除了肌肉鬆弛會暴露年齡，乾癟和硬朗也會暴露年齡，而且這是最容易被忽視的。

隨著年齡的增長，你會發現自己笑的時候，臉頰彷彿塌陷下去了，不再像以前那樣圓潤飽滿，甚至有時候臉上會出現兩道長長的酒窩。

此外，你還會發現自己臉部的線條顯得越來越硬朗，這就是為什麼有些人年紀大了會看起來很刻薄的原因。

要杜絕臉部變得乾癟、臉部線條變得硬朗，沒有什麼能夠立竿見影的方法。

從飲食上來說，保證充足的營養，會使氣色看起來更好。此外，不要讓自己太過消瘦。

關於眼唇護理

眼霜一般塗抹在眼部周圍，但還有一個部位也需要塗眼霜，就是嘴唇周圍。嘴唇周圍也需要特別護理，如果嘴唇出現褶皺，整個人看上去就會顯得老了好幾歲。

在唇周塗抹眼霜時，也需要進行按摩：向上按壓嘴角，就是用手將自己的嘴角按壓成微笑的樣子，堅持一段時間，你就會發現自己的嘴角真的開始「微笑」了。

要重視肌膚

我是從二十歲開始注重護膚和保養的，算是比較早的了。上高中時我就堅持每天使用防晒霜，現在皮膚屬於較白的那種。但當時使用的都是比較低階的護膚品，二十三歲時我才有使用品牌護膚品的意識。

我的皮膚算是比較好的，但是想要顯得年輕，只是為皮膚做保養是不夠的，還要注意面部肌膚的保養，這些內容我將在後面的章節詳細論述。

▌17 皮膚也要做運動

皮膚也要做運動

我有一個使用精華液的心得分享給大家：將精華液塗抹到臉上之後，將雙手搓熱，在臉部肌膚上輕輕按壓，持續大概一分鐘，這樣能促進面部對精華液的吸收。

面部的肌膚在按摩之下就像在做運動。我們的身體需要經常運動才能保持健康，我們的面部同樣需要運動才能保持健康。面部皮膚下面有很多毛細血管，經常用雙手按摩，能加速毛細血管中血液的流動，對面部非常有好處。

如果只使用面霜而不對面部進行按摩，皮膚在面霜的作用下是滋潤了，但同時也很容易鬆弛。

所以，面部的運動非常重要，而且按摩也不需要很長時間，每天只要幾分鐘就可以，請從現在開始按摩面部吧，你很快就會看到效果。

正確的按摩步驟

眼霜和面霜主要是預防法令紋和魚尾紋的，在使用時，先將這些地方的細紋打開，保證眼霜和面霜能夠塗到紋路的凹處。這一點是非常重要的。皮膚本身是有紋理的，如果不先將紋理打開就塗抹，那麼凹的地方塗抹不到，就會使紋路加深。

關於面部按摩，我根據自己多年的實踐總結了一套方法，比較簡單易行，也容易堅持：

a. 將面霜或者擦臉油塗好，當皮膚足夠滋潤時才能開始按摩，否則會牽拉皮膚，對皮膚造成傷害。

b. 在使用雙手按摩的過程中，要不斷地搓手，以保持手部的溫度。當然，在按摩之前先滋潤雙手，效果會更好。

c. 先從頸部開始按摩，手法是從下往上，可以稍微用點力氣，一直按摩到接近下巴的位置。

d. 接下來按摩耳朵，耳朵的按摩比較簡單，只要讓耳朵變暖就可以，通常耳朵會比身體其他部位涼。

e. 按摩嘴唇時，先將手指放在下嘴唇的中間，從中間向兩側按摩，通過嘴角的位置按摩到上嘴唇的中間位置，這樣按摩能夠預防嘴角下垂，嘴角下垂會讓人顯老。按摩的時候唇形應該保持淡淡的微笑狀。用手指按住嘴角，這樣做是為了防止嘴角的肌肉鬆弛變得突出，如果已經突出要將其按回去。

f. 面部按摩需要使用四根手指，用手掌也可以。用手將自己的左右臉頰按住，向上向外推，最後再按摩額頭。這樣按摩下來會感覺自己的面部熱呼呼的。

你可以嘗試先按摩半邊臉，按摩完之後你會發現兩邊臉的感覺是不同的，眼角和嘴角會比較明顯，按摩過的眼角嘴角都是向上的。

按摩沒有捷徑，只有長期堅持才能看到效果。

18 沒錢，怎麼護膚？

沒錢就別護膚，針對的是哪些人？

二〇一六年，有一句關於護膚的話在網路上非常流行：「沒有錢就不用談護膚了。」

沒錢就不能護膚，這是真的嗎？

這句話實際上是有一定背景的。那麼，「沒錢就不用談護膚了」，這句話是針對哪些人說的呢？

類型一 打折團購型

先說女孩 A，在女孩 A 看來，自己是屬於精打細算、非常精明的類型。逛淘寶看上一件衣服，她可以和商家軟磨硬泡砍價；想吃零食了就滿淘寶比價，找到其中最便宜的店舖去買：看到網路上有一個化妝品團購活動，大牌化妝品兩折銷售，於是立刻參團，並且對自己說，這家團購網站做這麼大，賣的又是一線品牌化妝品，肯定沒有問題，況且評論也是清一色的好評。

結果團購回來的化妝品她使用之後，滿臉起痘。

類型二 自製純天然型。

再說女孩 B，對什麼化妝品都不相信，認為所有化妝品都會對人體造成傷害。一次，在網路上某個論壇中看到一些護膚「祕方」都是純天然的，女

孩 B 就像著魔了一般，整天不是拿黃瓜和蛋白抹臉，就是使用淘米水洗臉洗手洗頭髮，護膚方法就如同原始人一般。

類型三　被行銷文迫害型

女孩 C，對大牌化妝品一向不感冒，認為化妝品都差不多，尤其是在朋友圈中看了幾篇偽裝化妝品雞湯文章之後（實際上是業配文），更堅定了自己的信念。認為大牌是因為品牌價值高，價格才會那麼高，只有傻子才會去買。因此，如果誰和她討論大牌化妝品，她會很反感，覺得買大牌純粹是在浪費錢，還向周圍人灌輸平價護膚產品才是 CP 值最高的。

類型四　買了捨不得用型

女孩 D，平時生活節儉。一次，為了參加一個很重要的聚會，她痛下決心購買了一瓶高檔護膚品，她覺得這麼貴的護膚品應該用一點就能效果顯著，結果一瓶護膚品使用了一年之久。最後使用的效果可想而知，基本和沒有使用一樣。

「沒有錢就不用談護膚」這句話，就是針對上面這幾種類型的女孩說的，而不是對不同階層人的攻擊。

那些買化妝品只看價錢的女孩，你要知道，你所面對的商家比你聰明太多，他們不可能讓你用很低的價格買到很好品質的化妝品，貪圖便宜，只會吃虧上當。

護膚是一項「投入性工作」

護膚是要投入的，如果不能投入太多金錢，那麼投入時間和精力也是可以的。

沒有錢照樣可以護膚，但這建立在你對護膚有正確認識的前提下。

別相信所謂大牌低價好貨，適合自己的平價產品也是不錯的選擇

不要再相信那種送上門的低價好貨，不要再相信那種祖傳祕方，哪有那麼多祖傳祕方都讓你碰上？不要相信那些據說常年成集裝箱往國內供貨的人

了，如果是真的，請先去報警；不要再相信內部折扣價，和你之前都沒有見過面，怎麼就對你這麼好，給你內部折扣價？

如果你非要找理由說服自己去相信，那請忽視上面我所說的話，只看一句話「沒有錢就不用談護膚」。

要相信科學技術的力量，不要迷戀手工護膚產品

護膚品本身其實就是化工產品，化工產品對於生產原料、製造工藝都有嚴格的要求，而市面上充斥著各式各樣的手工皂，作用也是宣傳得神乎其神。但是，只要你用常識思考一下，就會發現這不過就是宣傳的謊言，無論它是什麼人製造的，它就是一塊肥皂，充其量是一塊質量較好的肥皂，能造成的作用也是在肥皂能力範圍之內的。

不要過於迷信純天然，比如用黃瓜、雞蛋抹臉，用淘米水洗手之類的，我不敢斷言這些方法是毫無用處的，但是即使能起作用也是微乎其微的，護膚是一件十分繁雜的事情。

選擇適合自己的護膚品，然後用夠量

護膚，首先要選擇適合自己的護膚品，然後記得要用夠量，不然就是浪費錢。

你可以將護膚品看作是一道菜，做菜的原料非常重要。如果只是為了滿足身體的營養，那麼只要做熟就可以。但是想要色香味俱全，有更好的體驗，就要注意烹飪的方法。當然，原材料造成的作用是舉足輕重的，比如你用冬粉再怎麼做也做不出來魚翅的味道。

護膚品有使用普通原料的，也有使用好原料的，還有使用極品原料再加上上等工藝的，這樣做出來的就是經典產品。

沒錢也不影響你護膚，因為你只要挑選那些使用好原料的平價護膚品就可以了。

最重要的是，對於各種討論護膚品的文章要有基本的辨別能力，現在朋友圈裡轉發的這類文章絕大多數都是業配文，請遠離！

日護理和週護理，一個都不能少

完整的護膚程序是怎樣的？

完整的護膚程序由兩部分組成：日護理和週護理。你每天都要做的護理就是日護理，你每個星期要做一至兩次的護理就是週護理。

日護理：清潔，保濕和防晒。

日護理又分為早晚兩部分。

早晨：先用洗面乳清洗面部，然後再按順序使用化妝水、精華液、眼部精華、眼霜以及日霜和防晒。

防晒是日間護理的重中之重。

晚上：先將面部清潔乾淨（如果有化妝要先卸妝），再使用精華液、眼部精華、眼霜以及晚霜。

週護理：按摩、面膜和深度清潔

每週使用按摩膏進行一至兩次的面部按摩，每週進行一次去角質，每週使用兩至三次面膜。

雖然日常護理聽起來挺簡單，但很多人卻做不到。需要注意的是，任何一個環節遺漏了，都會對皮膚產生影響。

在我看來，很多人的皮膚出現這樣或那樣的問題，都是日護理和週護理的步驟缺失造成的。如果你的每日清潔工作做得不到位，就容易使皮膚產生粉刺和黑頭；如果每週不進行去角質工作，你的面部膚色就會黯淡無光；如果晚上沒有認真護理，你的肌膚就更容易老化：如果你每天都忽略防晒……將會對肌膚造成嚴重的影響。

護膚也和其他事情一樣，需要投入才有好的結果——要麼投入足夠的時間和精力，要麼投入金錢來代替時間和精力。

▌19 秀髮是美女的標誌之一

在頭髮上花再多精力也不為過

你的頭髮需要得到重視，一個適合你的髮型能夠大幅提升你的整體形象。不要再抱怨做一個好髮型要花幾百元、維持它需要花多大精力了，在頭髮上花再多精力也不為過。

很多人一提起「外貌」，第一時間想到的就是五官，實際上五官並沒有你想得那麼重要，但是嫩滑的肌膚、蓬鬆的秀髮以及苗條的身材，對人的外貌卻能造成決定性的作用。在我個人看來，頭髮對個人形象很重要，一頭秀髮是美女的標準配備。

所以，對於頭髮我們要給予足夠的重視，要像關心自己的體重一樣關心自己的頭髮。

保養秀髮要注意以下幾點：

乾乾淨淨、柔順絲滑

要想保持頭髮美麗，首先要勤洗。

油性髮質需要每天清洗，乾性髮質也需要兩天清洗一次。可能有人對每天洗頭持反對態度，但是據我觀察，油性髮質每天清洗是很有必要的。如果油性髮質的人三天不洗頭髮，等再洗頭髮時就會發現掉髮明顯增多，而且因為出油的原因，頭髮很容易成綹，實在不好看，還會給人不注意個人衛生的印象。

我也詢問過周圍的朋友，她們都表示洗髮次數與掉髮數量是成反比的，頭髮洗得越勤掉髮就越少，反之，頭髮洗得越不勤，掉的頭髮就越多。

洗髮精請使用打泡瓶打泡後再接觸頭皮

洗髮精的濃度比較高，如果直接接觸頭皮，會刺激頭皮，還有可能引起脫髮。仔細觀察你會發現，有些女孩的頭髮乍一看還不錯，但是細看就會發現其頭頂部位較為稀疏，這就是洗頭時將洗髮精直接塗抹在頭皮上造成的。

　　打泡瓶是一個不錯的選擇，它能夠將洗髮精以充分起泡的狀態擠出，這樣塗抹到頭髮上不會傷害到頭皮。

　　使用打泡瓶，一是能夠減少洗髮精對頭皮的刺激，二是更容易清洗乾淨。

　　此外，法國女人香洗髮精是一個不錯的選擇，我給好幾位朋友推薦過，她們用過之後都表示效果不錯。

　　洗髮時，要先梳通頭髮再清洗，這是一個容易被忽視的小常識。

正確使用吹風機，並在必要的時候給頭髮上防晒

　　很多女孩覺得使用吹風機會對頭髮造成傷害，所以不敢使用。吹風機確實有可能損傷頭髮，但只是在一定的條件下才會損傷頭髮，如果你在頭髮全濕的情況下使用，是不會對頭髮造成傷害的。

　　如果你的頭髮已經六七成乾了，繼續用吹風機直接吹，容易將頭髮吹得乾枯分岔，在這種情況下可以使用護髮油。

　　很多品牌都有耐熱的護髮油，這種護髮油就是吹頭髮時使用的，以保護頭髮不受吹風機損傷，而且吹完之後頭髮還會更有光澤。

　　正確使用吹風機雖然只是一個小細節，但必須引起重視，很多女孩的頭髮就是因吹風機使用不當而被損傷的。

　　去陽光照射強烈的地方也可以帶上防晒髮油，以保護自己的頭髮不受乾燥和陽光傷害。

　　我原本沒有使用過護髮油，在別人的推薦下使用了一段時間，發現頭髮有了明顯變化，質感完全不一樣了。順便說說抹髮油的技巧，髮油要抹在髮梢，儘量不要沾到頭皮。當你吹頭髮時，先均勻地抹上髮油，再使用吹風機吹乾。

　　乾性髮質我推薦卡詩的髮油、日本玫麗盼髮油；如果頭髮屬於油性髮質，那麼可以選擇輕薄一些的髮油。

頭皮也要做運動

頭皮健康，頭髮才會好，所以做頭部按摩也是護髮的一個重要環節，按摩頭皮相當於幫助頭髮做運動。按摩頭皮有兩種方法，一種是使用梳子貼著頭皮梳頭，另一種是將手指插進頭髮裡按壓頭皮，注意是按壓，不是揉搓。

洗髮推薦產品

想要保養頭髮，護髮素、髮膜和髮油是必不可少的。堅持使用護髮素和髮膜對於頭髮的改善效果非常明顯，我自從使用了發膜和髮油，頭髮數量比之前增加了不少，頭髮的彈性也比原來好了，髮質得到了飛躍性的提高。

頭髮保養是個系統工程，只有每個環節都做到位，頭髮才可能變得越來越美。

髮型影響個人風格

不同髮型，不同氣質。

如果你的髮質問題解決了，那麼髮型就容易設計了，因為有很好的髮質打底，只要選一些簡單大方、能夠凸顯個人風格的髮型即可。比如，如果想看上去年輕，那麼就選擇直髮，長度選擇中長最適合。

需要注意的是，塑造的髮型不要有太強的造型感，太強的造型感會讓你的頭髮看起來十分僵硬，頭髮自帶的質感也無法體現出來！有些女孩喜歡誇張的髮型，初看造型感十足，也比較有特點，但是一段時間後你會發現，這種髮型風吹不動，走路也不晃動，沒有絲毫的活力，非常顯老。

一般來說，平瀏海讓人顯得可愛，但也要分情況，如果你已經三十多歲了，那麼就不要選擇平瀏海了，斜分的效果會更好。

不留瀏海的人看上去顯得有氣質，同時也更成熟穩重。

每個人的風格不一樣，所以具體選擇什麼樣的髮型還需要根據個人具體情況來確定。即使是同樣的五官和身材，因為性格和職業的不同，髮型也可能有很大差別。

日本女演員石原里美在日劇《朝五晚九》中扮演一名英文教師，她的髮型是無瀏海、露出額頭，清爽的捲髮造型，顯得非常有氣質，同時適合她的職業和身分（如圖 19-1 所示）。

這樣的髮型、這樣的裝扮，說她是英文教師是很有說服力的。

所以在整個劇集中，石原里美的髮型幾乎沒有變過。

而在日劇《失戀巧克力職人》中，石原里美扮演被男主角深深迷戀的、愛情段位很高的時尚女郎紗繪子，這時石原里美的瀏海從幹練的無瀏海變成了可愛的斜瀏海，並在不同場景中有了細微的變化。

圖 19-1 日劇《朝 5 晚 9》劇照

這些髮型都彰顯了紗繪子的可愛和精緻，同時很符合她塑造的馳騁情場的負心女形象。

有些女孩喜歡三天兩頭換髮色，我不建議這麼做，一般來說，百變並不能使你更有魅力，反而會破壞你的個人風格。

性格和喜好決定髮色

雖然染髮非常普遍，但還是有不少女孩不願意染髮，認為自然的髮色能夠顯示自己的天然美，對於這一種觀點我持保留意見。如果你有一頭烏黑美麗的秀髮，皮膚白皙和頭髮相互襯托，那麼不染髮也能顯示出你的美。但是如果你的髮質並不理想，皮膚也不是完美無瑕，那麼不對頭髮做任何修飾就不是明智的選擇了。

乾枯分岔的黑髮，對你的外貌絕對是減分項。

天然黑髮比較適合像劉亦菲、范冰冰那樣的美人。如果你的髮質不是很好，不夠黑亮或者不夠柔順，皮膚也並不是那麼令人矚目的白，那麼不如去選擇一個適合自己的髮色。在我看來，大多數女孩都不太適合純黑色的頭髮。

如果擔心經常染髮損傷髮質，只要加強護理就可以了。

髮色有幾款基本色，分別是：巧克力色，安靜溫柔的氣質色；栗色，時尚輕盈的潮流色；咖啡色，穩重的辦公室 OL 色；奶茶色，日系乖乖女的專屬顏色：酒紅色，可以將皮膚襯托得較白，但是和栗色一樣，只適合時尚的女孩。

具體選用哪種顏色，需要根據自己的膚色、性格、職業、喜好來選擇，不過金黃、亞麻之類的顏色請謹慎選擇，大部分人都不適合。

頭髮是不斷生長的，所以染完頭髮後，隔一段時間就需要進行補染，這點非常重要，比乾枯分岔的頭髮更糟的，就是顏色有明顯分層的頭髮，這絕對是女孩子的減分項。

▎20 儀態決定你氣質的八〇％

儀態決定你氣質的八〇％

你以為你在談論氣質，其實你只是在談論儀態。

儀態常常被忽視，過去的時尚雜誌和女孩子們更喜歡談論「氣質」，現在則更關注「氣場」。

事實上，你的氣質、氣場，有八○％是由你的個人儀態決定的。

但是，氣質並不是靠讀書得來的，至少外貌上的氣質不是。

當一個女孩出現在我們面前時，她不用開口說話，我們就可以給她下「氣質好」還是「真沒氣質」的評語。

那些儀態好的人，通常會被認為有氣質。

美劇《紙牌屋》中，克萊爾的一舉一動簡直就是儀態的標準示範，任何時候她都會保持正確的儀態，站立時筆直優雅，即使坐著也會把脊背挺直（如圖 20-1 和圖 20-2 所示）。

儀態從某種角度來講就是精氣神，所謂「站如松、坐如鐘、挺胸收腹」都是儀態的內容。明星們都非常注意自己的體態和儀態，所以看起來既精神又舒展。

圖 20-1《紙牌屋》中的克萊爾站立時的儀態

而普通人很少注意自己的儀態，我不知道大家是否關注過電視上的一些普通人的儀態。生活中我們可能不會注意，但是在電視上看到真的非常明顯：含胸、駝背、Ｏ型腿、圓肩，還有說話時的各種小動作、不自覺的表情，都非常影響觀感。

　　也許普通人和明星的顏值差異只有五〇％，但是體態差異卻是以倍數計算的。

圖 20-2《紙牌屋》中的克萊爾坐著時的儀態

　　什麼是好的儀態？

　　挺拔、大方、舒展、優雅。

身體要挺拔。

　　肩要展開，要向下沉，背要挺直，脖頸要長、要直，不能含胸、不能駝背、脖子不能向前伸。

問題一：駝背圓肩

　　大多數人都有一些體態上的問題，比如我的一個朋友，她身高一七四公分，本來很高挑，卻有點駝背。據我觀察，個子比較高的女孩都容易駝背，本來很有氣場的身高，一駝背就顯得毫無精神。

　　女孩比男孩駝背的機率要高，大多數女孩是從發育期開始駝背的，因為胸部發育不好意思挺胸，久而久之就形成了駝背的姿態。

和駝背很像的一個不良儀態是圓肩。正常的肩膀形態應該是打開的、平直的，看起來舒展的，而圓肩則是肩膀的兩頭向前伸，圓肩的人看起來有點縮脖子。

問題二：脖子前伸

說真的，脖子前伸真的很影響氣質！脖子前伸對氣質的影響要甚於駝背。

脖子前伸常常給人不太靈活的感覺，大多數人的脖子前伸也是從青春期開始的，聽課的時候手臂放在桌子上，脖子就會不自覺地向前伸。

此外，近視眼的人，因為看不清，也會不自覺地把脖子往前伸。

問題三：骨盆前傾

正常的體態，人的側面應該是直線，而骨盆前傾的人，下半身明顯向後彎曲。

骨盆前傾不僅顯得人不挺拔，還會對骨骼造成傷害。網路上矯正圓肩、脖子前傾和骨盆前傾的教程和影片很多，不太嚴重的可以自己看著影片矯正一下，特別嚴重的人可能需要去找專門的健身教練來幫助自己矯正。

在這上面花費時間和金錢絕對是物有所值的，很多女孩願意一擲千金購買在別人看來沒什麼分別的限量版眼影和唇膏，卻不願意花錢矯正自己參差不齊的牙齒或者身體問題，儘管後者能夠帶來的收益是前者的幾十倍。

美好儀態的幾個提示：

杜絕小碎步。

很多女孩子被教導要淑女，淑女並沒有錯，但是太淑女有時看起來非常彆扭。很多人對淑女的理解比較狹隘，好像淑女都是穿著長長的裙子，笑不露齒、款步輕移的。這樣的淑女演古裝劇是很好看的，但是日常生活中如果一個女孩子總是小碎步，給人的感覺是不夠大方。

任何時候動作都要舒展，要旁若無人，不要左顧右盼。

想要有氣場，首先要改善的就是自己走路的姿勢，要大方、舒展、筆直地邁開腿。

我認識一個法國女人，她獨自在中國打拚，做到了某知名企業的高層，她說話總是輕聲細語，但語氣十分堅定，整個人顯得聰敏又性感。

她走起路來，目不斜視、大步流星、走路帶風，真的非常酷！

光是看她走路，就會對她產生好奇，不自覺地想要親近她。

穿高跟鞋時的正確姿態。

要把後背挺直，下巴不要向前伸，肩膀打開，腿伸直再邁步，並且儘量走直線。這樣的走路姿勢才會讓你看起來美麗且有氣場。

如果無法穿著高跟鞋伸直腿走路，那就先練好走路姿勢再穿。

彎著膝蓋走路真的非常非常難看。

▌21 不可忽視的表情管理

你笑得太難看啦

我讀書的時候，有一次前桌講了個笑話，我正笑得前仰後合，我旁邊的男生說：「你笑得好難看啊，整個臉皺巴巴的像個包子。」

我前桌也表示贊同地說：「她就是這樣，不笑的時候還好，笑起來真是……」

我才驚覺原來我笑起來會變醜。

回家以後，我對著鏡子大笑，發現我大笑起來真的很醜，眼睛被擠成了一條縫，額頭紋和法令紋全出來了。

有些表情，是對美麗有傷害的。

真正的女神，會把自己的每個表情都做得很美。

　　二〇一五年電視劇《來自星星的你》特別火，我發現女主角全智賢是真的美，靜態美，動態也美，一顰一笑都非常美，幾乎沒有一個表情是難看的，我想這應該不都是天生的，也有後天刻意練習的結果（如圖 21-1 所示）。

圖 21-1《來自星星的你》劇照

　　當然，我不是要求大家時時刻刻端著，而是希望大家能學會管理自己的表情，這樣你會看起來更好看。

　　怎麼做？多照鏡子，多對著鏡子練習，甚至可以給自己拍一些簡單的影片，透過影片來發現自己的表情問題。

哪些是讓美麗打折的表情？比如，有的女孩一緊張就收緊嘴巴，這時法令紋也跟著出來了；又如，一笑就露出牙肉；再如，動不動整張臉就皺在一起。

當你做出那些難看的表情，顏值瞬間降低五○％。

這些表情不僅會讓你當時難看，還會讓你的美麗打折，長期做難看的表情會讓法令紋加深、皺紋出現。有的女孩喜歡用嘴呼吸，這樣會造成下巴後縮，呈現在視覺上就是齙牙。

那些原本看起來很普通的女孩，就是這樣減肥、化妝、糾正體態的問題、管理表情，一步步走向了女神。

在不知情的人眼中，她們就像被仙女棒施過魔法一樣，然而究竟付出了多少努力，只有她們自己知道。

儘量把小動作做得更優雅

女性的一些小動作是非常有魅力的，撩頭髮、托腮、摸耳朵……

這些小動作會讓女性顯得非常性感。

關鍵是，要盡力把這些小動作做得優雅，比如托腮的時候，用手輕輕地托住，不要整個人癱在桌子上，臉上的肉被擠成一團。

喜歡摸頭髮也是可以的，稍微地整理一下，千萬不要像個女漢子似的豪邁地用手指梳頭後再抖頭髮，我真的見過不只一個這樣的女漢子。

要想把小動作做得優美，首先要了解自己有哪些小動作，然後再有意識地克制或改進。

22 穿衣品味，其實與荷包無關

有錢就能有品味嗎？

有錢就能有品味嗎？當然不是。

沒錢就不能有品味嗎？當然也不是。

　　穿衣品味，其實與荷包無關。不管你是否富有，只要你懂得穿衣的規則，懂得揚長避短，你就可以成為有品味的人。

只選擇你「適合且需要的單品」

　　適合是第一位的。衣服是為你服務的，一件衣服無論多麼好看精緻，如果不適合你，那麼就不要購買。不合適你，有可能是尺碼不對，千萬不要認為自己在短時間內能夠瘦下來；有可能是和你的膚色不搭，千萬不要認為自己每次穿它都會化妝，你很可能因為懶而不化妝；也有可能是風格並不適合你，雖然公主裙好看，但如果你平時是走中性風格的，那麼還是建議你去選擇小黑裙。

　　光適合是不夠的，你還必須「需要」這件單品。

　　逛街購物對於女孩來說是一件非常愉快的事情，但其實逛街與購物是兩個概念，逛街不一定是為了買東西，而買東西也不一定要逛街。

　　我就很喜歡逛街，但是購買的東西比較少，這一方面是因為我的衣服大部分都是代購的，另一方面是因為中國國內的衣服和化妝品太貴，我通常是在國外打折時，一次性將自己想要的衣服買夠。

　　對於實用性不強的衣服有一件就足夠了，不需要準備太多。

　　比如去海邊才能穿到的假日長裙，如果近期你沒有去海邊的計劃，那麼就不要購買。

　　不要以「等什麼時候就可以穿上了」的理由，說服自己購買，因為在這種情況下購買的衣服，通常你都沒有機會穿。

　　而當你真的碰到這個場合時，從現有的衣服裡就能找到合適的。

　　無論是哪一種單品，都不要買太多，除非你的個人風格能夠從這件單品上體現出來。

買你購買能力範圍內最好的

購買衣服時，建議你買自己購買能力範圍內品質最好的。比如，同樣是白襯衫，一百元一件的和五百元一件的品質肯定不一樣，五百元一件的和三千元一件的又會有不小的差距。我並不是鼓動你刷爆信用卡去購買最貴的衣服，而是希望你在自己的經濟能力允許的範圍內，能購買五百元一件的白襯衫，就不要購買一百元一件的，因為它很有可能會大幅拉低你的整體著裝得分。

讓某個顏色或色系成為你的「簽名色」

你的「簽名色」應該是最適合你、你最常穿的那個顏色。簽名色可以很好地襯托你的氣質和膚色，可以很好地融入你的個人風格，同時在你最常出現的場合不會顯得突兀。

簽名色的特徵是：大多數時候，你身上都有一件這個顏色的單品，有時作為主打，有時則作為配飾。

你在重建衣櫥的時候，要先確定自己的簽名色，然後再根據衣櫥裡已有的其他顏色的衣服購買簽名色單品，以提高原有衣服的使用率。

每個人的簽名色都不一樣，你需要根據自身條件選擇最適合自己的顏色。

一般來說，可以選擇一兩個顏色作為自己的簽名色。有些人先天條件好，給人的整體感覺明豔大方，皮膚又白皙，那她適合的簽名色就會更多，各種明豔的顏色都適合。

我認識一個女孩，她的五官非常清晰，很有異國特色，常常會被問及是不是混血或者外國人。而她的膚色較深，給人以野性成熟的感覺，她的簽名色就是酒紅色和藏藍色，這兩種顏色都沉穩而高貴，搭配到一起讓人賞心悅目。

我的簽名色是白色，這是最適合我的顏色，因為相對來說，我的五官比較清秀，換句話說就是不夠亮眼，而皮膚又很白，白色能夠讓我看起來簡單

乾淨、有氣質。太鮮亮的顏色會奪去人們對我五官的注意力，太暗淡的顏色又會使我顯得壓抑。

所以，白色是我最常穿的顏色，夏天平日裡，我會選擇白色連衣裙（休閒）或白色上衣配其他顏色的下裝，上班時則是白色上裝配深藍色、灰色的一步裙或者西裝褲；而冬天我有兩件白色大衣，還有幾件白色單品適合做內搭。

簡單低調，往往是有品味的象徵

在《格調》一書中，作者這樣描述上層社會女性的裝扮：「通常她們穿著都十分低調，選擇衣服的款式也都以簡單為主，沒有複雜的裝扮和搭配：她們沒有過多的珠寶，髮型同樣很低調，沒有太複雜的髮型，但看上去讓人感覺非常清爽。」

佩戴過多的珠寶首飾，化濃妝，穿的衣服高調閃光以及非常吸引人的高跟鞋，都是不夠高級不夠有品味的標誌。

所以你看：款式低調、簡單，就足以幫你脫離低級品味。

如果再加上風格適合你、能夠修飾你的身材、彰顯你的氣質的穿著，那麼，這就是品味了。

選擇衣服，其實就是根據場合選擇款式，根據自己的氣質來確定風格，根據自己的膚色來選擇顏色，以及根據自己的體型來選擇剪裁。

所以，你首先要對自己足夠了解，知道自己會去哪些場合，知道自己的性格、氣質，知道自己的膚色以及自己的體型，然後再根據這些特徵去尋找合適的衣服。

23 我的精簡購物哲學

不要因為換季、打折等理由買衣服

很多女孩將換季作為自己購買衣服的理由，但是這種毫無目的地買衣服，我們是要堅決杜絕的。有人認為，能不能以最低折扣買到最好的衣服，是判

斷一個女人會不會買衣服的標準，如果根據這一點判斷，我也屬於不會買衣服的人。因為雖然我購買衣服也喜歡折扣，但是並不會因為一件衣服打較低的折扣而去購買，折扣對於我作出購買決策影響非常小。我對購買衣服一直是既充滿熱情又足夠冷靜，我像夏天一般對購買衣服充滿了熱情，但對於衣服的選擇我又如冬天一般地冷靜。

制定合理的購物清單，是控制自己盲目購物的一個有效方法。

每當一個季節到來時，我就會將自己的衣服仔細整理一下，將這一季要穿的衣服單獨拿出來，按照一定的順序掛在衣櫥中，我通常是根據顏色來決定順序。將衣服整理好之後，再思考我還缺少什麼衣服。

如果能夠將自己的衣服都拍照，然後編輯在一個表格裡，那就更好了。在表格中將不同季節的衣服區分開，這樣你就會對自己所擁有的衣服有個直觀的了解。

只在「需要」「適合」都滿足時下手

當我們了解自己已有的衣服之後，下一步該怎麼做呢？接下來要做的其實很簡單，就是根據自己的喜好，參考當下的流行趨勢，確定這一季自己所需要購買的衣服。

制定購買清單時要避免與自己現有的衣服重複。

比如，你的衣櫥裡已經有很多件白色的衣服了，那麼購物清單裡就不要再列白色的衣服，衣服的款式也是同樣的道理。

雖然買衣服需要考慮自己的喜好，但是盲目地按自己的喜好購物並不合理。比如，我比較喜歡黑色的裙子，所以衣櫥裡有很多條各個季節的黑色裙子，但是有些場合並不適合穿黑色的裙子，這時就非常尷尬了，面對很多條裙子卻沒有可以穿的。

我認識一個女孩和我的情況很像，她很喜歡牛仔褲，所以牛仔褲塞滿了她的衣櫥，光是藍色的牛仔褲就有七八條，直筒的、破洞的、修身的……

如果這種情況也出現在你身上，那麼你在制定購物清單時，就需要冷靜，要將自己擁有最多的單品從清單上去掉。

提前制定購物清單，可以讓你衝動購物或者盲目購物的機率大幅下降。

外套和褲子的選購法則

外套應該占據你大部分的預算（如圖 23-1、23- 所示）。

一年中你需要的外套不會超過十件，其中必備的基本款有五六件即可。以我自己為例，冬天的大衣有兩件（深色淺色各一件），春秋兩季的風衣有兩件（一件米色一件深色），再加上上班需要的一套西裝。我購買衣服的預算大部分都被這五件衣服占據了，而且是經過精挑細選之後才找到的。

圖 23-1《穿著 Prada 的惡魔》劇照

圖 23-2《穿著 Prada 的惡魔》劇照

大衣是最能體現質感的單品，絕對不能買便宜貨。穿前記得熨一熨，不然，再好的材質也會被皺巴巴的細節毀掉。

自己投入大價錢購買的外套自然希望能多穿幾年，所以在購買時就要考慮是否會過時，想讓外套不過時需要注意以下兩點：

首先，當你的身材出現小幅度的變化時衣服能夠適應，緊緊包在身上的絕對不行，肩膀要合適，衣服整體略微寬鬆最好。

其次，外套上最好不要有任何裝飾，比如花邊、額外的剪裁等，通通不需要，簡單就好。

褲子（和襪子）的選購法則

外套選好了接下來該選褲子了。從整體上看，褲子占全身著裝的二分之一，所以需要慎重對待。如果你選擇了錯誤的褲子，那麼即使你的外套和背

包選擇得再合適，也很難整體看上去舒服得體。你不需要太多褲子，只需要幾條合適的褲子。

我周圍有些人非常喜歡買褲子，一買就是幾條，而且通常是比較廉價的，實際上如果將購買這些廉價褲子的錢加在一起，完全可以買幾條品質很好的褲子。一條好褲子材質舒適、褲型合身，並且能夠造成修飾你體型的作用。如果你現在還沒有一條合適的褲子，那麼請先選擇一條能夠修飾腿型和臀型的藍色牛仔褲，一條剪裁合身的西裝褲。這兩種褲子和小黑裙一樣經典，能夠應對大多數場合。

除了運動時的衣服，請不要考慮廉價貨。

這裡還有一些注意事項：

· 你的狀態是你選擇衣服的基礎，並不是別人穿上合適的衣服就一定適合你，適合自己才是最重要的。

· 除了身體條件，工作環境和生活狀態也是需要考慮的，同一個人在不同環境和狀態下所需要的衣服也不相同，比如出去玩和上班時需要的衣服自然不一樣。

· 再精緻的晚禮服也不適合上學穿，再合身的西裝裙也不應該帶孩子時穿。

· 衣服是為你服務的，所以你衣櫥裡的衣服應該是根據你的需求選擇的，實用才是根本。

· 買衣服要慎重。很多人喜歡隨意買衣服，認為反正很便宜，穿幾天算幾天，不喜歡扔了也不心疼……

· 如果穿衣打扮是你的樂趣，想讓這個樂趣延續下去，那麼就需要用認真的態度來對待它，況且衣服能夠將你的審美和品味體現出來。

· 可能有些人會認為自己「就是享受買衣服的過程，最大樂趣就是隨意地買衣服」，但是當你整理自己的衣櫥時，就會發現問題所在，你的衣服雖

然多卻沒有一件真正適合自己的。理性地買衣服並不是剝奪你的樂趣，而是讓你的樂趣最大化。

24 既省錢又能穿出格調的衣櫥管理

衣櫥裡的愛人

女人到底有多愛衣服？

我的一位朋友曾這樣說：「衣櫥裡不是我的衣服，是我的愛人。」

和愛情一樣，衣櫥也是需要用心經營的。

有太多人在買衣服時秉持隨心所欲的態度，看到什麼買什麼，什麼好看買什麼，卻沒有認真思考過，哪些衣服是自己真正適合且需要的。

而那些看起來非常有格調的女孩，往往都是「嚴肅的購物者」，她們謹慎地管理著自己的衣櫥，從如何分配預算，到需要購買什麼，她們都有明確的計劃。

購買的衣服數量可以少，但是一定要購買品質好一點的。

我通常會將購買衣服的預算分為兩部分：第一部分占預算的八○％，用於購買適合自己、質量上乘的基本款，這些衣服往往可以穿好幾年。

第二部分占預算的二○％，用於購買比較流行和前衛的衣服，這些衣服有可能你只會喜歡一段時間，所以使用二○％的預算才不至於浪費錢。

想要既省錢又能穿出格調，一定要學會構建自己的衣櫥。

請讓基本款成為你衣櫥的主題曲

基本款應該占據你衣櫥八○％的空間。對於學生或者上班族來說，我們所說的基本款包括：

· 三件襯衫：顏色需要區別開，白色、黑色和格子襯衫是好的選擇。

· 兩條牛仔褲：藍色是最常見的顏色，建議備一條：再選擇一條黑色牛仔褲，兩條牛仔褲都不要有任何裝飾。

· 兩至三件小外套：選擇三種不同顏色的羊絨小外套即可，比如黑色、灰色或者彩色。

· 三件細肩帶上衣：選擇經典色黑、白、灰三色各一件。

· 兩件風衣：根據個人喜好以及膚色的不同，選擇深色和淺色的風衣各一件，深色的可以選擇黑色、藏藍色，淺色的可以選擇卡其色、米色等。

· 兩件大衣：雙排扣還是單排扣根據你的喜好選擇，深色淺色各一件，具體顏色根據個人膚色選擇。

· 中長款羽絨外套一件，相對於深色來說，淺色更顯精神。

· 兩件修身薄款毛衣，搭配細肩帶上衣穿。

· 若干條圍巾，至少要有深色、淺色、花色各一條。

基本款最好不要有任何多餘的裝飾。

衣服的裝飾越少，越不會過時。很多裝飾所包含的流行元素，很可能只流行一年。

質地和剪裁最重要。

對於基本款衣服來說，剪裁和質地是非常重要的。剪裁要合身，藉由肩膀、胸圍、袖子能夠看出一件衣服是否合身，一定不要購買大一號或者小一號的衣服。寬鬆的衣服會讓人感覺悠閒從容，而緊身的衣服會凸顯身材曲線，顯得性感，但基本款不在此列，合身是基本款最主要的訴求。

簡單是基本款衣服的一大特點，簡單指的是衣服的款式和顏色，基本款衣服上不要有當下流行的裝飾，因為今年的流行元素到明年就會過時，而基本款衣服會陪伴你三至五年。

好的基本款衣服就如同女人臉上的底妝，越是簡單高雅就越能夠將面部的美襯托出來。

基本款的衣服應該選擇經典色，但是其他配飾可以選擇其他顏色，比如絲巾、腰帶等。

常常聽人說：「女人的衣櫥裡永遠少一件衣服」。這句話深刻表達了女人對衣服的喜愛和構建衣櫥時的盲目性，無論你衣櫥裡有多少件衣服，但在很多時候，你打開它，卻無法找到最合適的衣服。

真的如此嗎？當你打開衣櫥，卻覺得沒有合適的衣服時，往往不是因為你的衣櫥少了一件衣服，而是因為你的衣櫥裡讓你眼花繚亂的衣服太多了。

找不到適合的衣服，往往是因為你的衣服太多了

你可以問自己兩個問題：

一，你是不是買了太多衣服？

二，你是不是買了太多一樣的衣服？

如果你有太多種選擇，那麼你就會在這些選擇中不斷搖擺，衣服太多也會遇到這個問題。有一位時尚界專家曾說：「美國人的衣櫥裡通常都是滿滿的，這讓人疑惑他們怎麼能穿得優雅得體。」

我周圍有一些非常會穿衣服的女孩，她們的衣櫥往往整齊有序，衣服貴精不貴多：反之，那些穿衣缺乏個人特色的女孩，她們的衣櫥裡通常塞滿了各式各樣的衣服。

你的衣櫥需要做減法

你的衣櫥不需要做加法，而需要做減法。如果你想學會穿衣服，那麼請讓你的衣櫥遵循「能量守恆」法則，就是當你購買一件新衣服時，就從衣櫥裡選出一件舊衣服丟掉。

一個人能穿到的衣服是有限的，衣服太多會妨礙你形成自己的穿衣風格。而購買一件新的就丟掉一件舊的，保持衣櫥裡衣服的數量不變，能時刻提醒你要謹慎購買衣服。

在季節更替時，我會將過季的衣服整理出來送去乾洗，等洗好後放進防塵袋或者盒子裡收起來，等明年到了相應的季節再拿出來，一些不喜歡的衣服就直接送人。

如果你有一件衣服在一年裡一次也沒有穿過，那麼很大機率你以後也不會再穿了。

亦舒的文章中，有這樣一段關於衣服的論述：

許多四季衣服多得衣櫥擠不下的人老抱怨沒有衣服穿。真奇怪。

一直覺得自己衣服多，且精，又漂亮，常為此得意洋洋，十分滿意。

數一數，質與量其實與好此道者簡直沒得比，只不過長短大衣三五件，一些毛衣，幾條長褲，以及若干襯衫，大部分可以扔進洗衣機，容易打理，幸虧穿上還算整潔美觀。

另外有三雙平跟鞋，一雙半跟上街鞋，一只黑皮手袋用得毛毛，被友人含笑道：「該添新的了」，從善如流，置了兩只新的，外加一個牛仔布書包，但覺整套武裝，式式齊備。親友均可證明此言不虛，因從不赴宴，更是一件晚裝也無，唯一不能捨棄的，乃淨色喀什米爾毛衣。

也不是一開頭就這樣，當年赴英，行李裡帶七件大衣，還要再買，弟搖頭嘆息作孫叔敖狀說：「那麼愛穿，功課不及格有什麼用？」

真如當頭棒喝，那時還真交不出功課來：稿子寫得一塌糊塗，學業未成，又沒有家庭，就差沒借當贖，羞愧無比。

一個人的時間用在什麼地方，是看得見的。

▌25 衣服不多，照樣美成仙女

如何正確選擇一整套裝扮？

在決定穿什麼樣的衣服前，你需要依次考慮以下四點：

a. 根據自己要去的場合選擇衣服的風格；

b. 根據自己的體型選擇衣服的款式；

c. 根據自己的膚色選擇衣服的主色調；

d. 根據衣服的主色調選擇配飾的顏色；

整合以上幾種因素，選出最適合的那套衣服。

一分價錢一分貨通常是正確的

「一分價錢一分貨」這句話對於衣服來說通常是正確的，大品牌的衣服品質明顯要比路邊攤的衣服好，但想要追求衣服的品質並不一定要選擇名牌。

有些時尚人士可以將 H&M 和 Prada 兩個品牌的衣服混搭，並引以為榮，但是需要注意的是，她們身上的 H&M 必定是經過精挑細選的。

對於名牌衣服的正確態度是：這件衣服本身吸引了你，比如它的款式經典或者它的質感舒適，又或者是顏色獨特，而不是因為它是名牌。

一件品質上乘的衣服需要布料精良、剪裁得體、設計出色，除了這些之外，還要能經得起時間的考驗。有些衣服的設計集合了當今最流行的元素，比如羽毛、長流蘇、大 Logo……但是這些衣服通常一兩年就會過時。

名牌衣服，重要的不是衣服上的 Logo，不是讓其他人一眼就能認出是什麼品牌，而是它本身具有的獨特氣質。當你想要選擇一件高品質的衣服時，首先要看它是否符合自己的氣質，是否具備長時間不過時的實力。

有些單品特別適合買大牌

有一些單品特別適合購買大品牌的，比如外套、褲子和包包。

這些單品的款式不會經常更新，一件往往可以使用好幾年，而且它們對於你的整體著裝起著非常重要的作用。這些單品的高品質能給你的整體形象加分不少。

好的鞋子和包包能夠提升你整套裝扮的 lever

我曾經看過一部電視劇，裡面有一句臺詞是：「每個女人都應該有一雙好鞋子，帶你去想去的地方。」一雙合適的鞋子能夠造成畫龍點睛的作用，有時甚至能改變你的整體氣質。同樣的一身套裝，選擇平底鞋穿出的是優雅的氣質，而選擇尖頭高跟鞋則會顯出幹練的氣質。不用所有的鞋子都買最好的，有幾雙高品質的鞋子就可以了。如果你已經選擇了高品質的外套以及包包，那麼將剩下的預算投資幾雙好鞋是非常划算的，像質量上乘的黑色高跟鞋你至少應該有一雙。

如果你整體穿著比較隨意，那麼指望一個好包來改變你的整體氣場是不現實的。但是如果你的整體著裝可以到六十分，那麼搭配上一個好包，就能夠將你的得分提高到八十分。雖然包包主要起畫龍點睛的作用，但是我認為值得你花大價錢，因為它的點睛作用非常重要。

選擇包包時對於流行款及季節款要慎重，經常看包的人都知道，包包有流行款和設計師合作款，明星經常會選擇這些款式的包包，但是這些包包很容易過時。明星可以經常換包，普通人想經常換包就有些難了，而且也沒有必要，所以普通人選擇包包最好選擇經典款，不容易過時。

也許你沒有足夠的資金讓自己全身上下都是名牌，但是對於一個在城市工作的上班族來說，在外套、包包、鞋子和褲子上選擇一些大品牌的單品並不難。這些單品對你的整體著裝會造成非常重要的作用。

你的風格，比什麼都重要

我曾在一部日劇裡聽到這樣一句臺詞：「如果你穿的衣服總是很無趣，那麼你的生活也可能很無趣。」

風格的第一環：顏色

想要塑造個人風格，首先應該確定顏色。當你看到一個人時，第一時間注意到的就是顏色，比如衣服的顏色，頭髮的顏色，皮膚的顏色。而在這幾

種顏色中，膚色是較難改變的，所以根據自己的膚色來找一個適合自己的髮色，就是塑造個人風格的開始。

中性色調和淺色調應該是你挑選衣服時的首選。

在美劇《破產姐妹花》中，兩位女主角因為出自不同的社會階層，所以衣服也有所不同。Max出身底層社會，所以她的衣服以深色為主，材質以尼龍和純棉為主，這符合她的出身。

Caroline出身上層社會，所以她的衣服以淺色為主，材質以綢緞、羊絨等比較高檔的面料為主，這樣的選擇也符合她的出身。

風格第二環：包和鞋

鞋子和包包不能使用廉價貨，它們是你穿衣打扮的底氣。好的鞋子和包包一眼就能看出來，材質上乘，耐用性也較好，當然價格是和質量成正比的。事實上很多人穿衣打扮的經驗都是以金錢為代價得到的，在花費大價錢購買東西時，通常會精挑細選，仔細思索，買回來之後也會非常愛惜，而在購買便宜的東西就不會這樣做了。

我曾經認為，女人之所以衣服和包包都想買貴的，是因為虛榮心，當時的想法是虛榮心也沒什麼不好意思的，大膽承認就可以了。

但是幾年之後，隨著我購買的衣服和包包數量增多，我發現自己不再喜歡那種帶有Logo的東西。無論是衣服還是包包，裝飾越少越好，Logo越小越好，衣服買回來第一件事就是將標籤剪掉。

當然，雖然不願意Logo被其他人看到，但還是喜歡購買貴的，其根本原因可能是女人想要藉由貴的衣服和包包讓自己被重視。這種重視聽起來似乎有些可憐，但是當一個女人失落的時候，看到這些包包和衣服就會底氣大增。上司總是刁難我又能怎麼樣？感情不順利又能怎麼樣？我對自己好就可以了，包包和衣服也對我非常好。

風格第三環：讓衣服和性格相融合

你的個性影響了你的氣質，而你的氣質又決定了你的風格。

最完美的是，讓你的衣服和你的性格相融合，兩者渾然天成，互相襯托。

最可怕的事情無非是穿錯衣服，你自己覺得不舒服，別人看著也彆扭。

衣服本身是無辜的，選錯衣服是你的錯，只有選對了衣服，才能彰顯你的氣質！

風格第四環：擁有自己的簽名香

「不用香水的女人沒有未來。」這是香奈兒說過的一句話，曾風靡一時。但其實她真正想表達的意思是：「用錯香水的女人沒有未來。」

不過還真有朋友問我：「難道我不使用香水，我的未來就會一片黑暗嗎？」

答案當然是否定的，香奈兒的這句話只是行銷口號。

不過，正確使用香水，確定可以大幅增加你的個人魅力，還可以讓你更加自信。我經常有著急出門來不及化妝的時候，這時會感覺非常不自信，所以我常年在包裡放兩樣東西，幫助我在這種情況下恢復自信，那就是唇膏和香水。

尋找你的簽名香

選擇一款適合你經常去的場合，並且和你的氣質相符合的香水作為簽名香。為了找到自己的簽名香，你可能需要在香水的世界裡遨遊很久；也有可能你的運氣非常好，沒花費多少力氣就找到了最適合的香水。但是不管時間長短，這個過程都是非常有趣的。

周圍的人經常從你身上聞到一種香水味道，當他們習慣之後，這種味道就成了你的簽名香。

對於那些找到適合自己簽名香的女孩，我感覺她們的生活也會非常精緻。但是如果選擇了不適合自己的簽名香，那麼對於你周圍的人來說，和你在一起將是糟糕的體驗。

簽名香是你身上常駐的味道，所以選擇時一定要慎重。選擇簽名香需要注意兩點：第一點，香水的味道必須自己喜歡，如果你身上整天帶著自己都不喜歡的味道，那麼相信你的生活也不會很愉快；第二點，符合大多數人的喜好，那些味道比較怪異的香水需要先排除。雖然不排除有人會喜歡這些類型，但畢竟是小眾。

　　一位對香水頗有研究的朋友曾對我說：「我們可以把自己的香水劃分為兩大類，一類是給其他人聞的，一類是給自己聞的。」

　　給其他人聞的香水要符合大眾的口味，同時和自身的氣質相符合。

　　而給自己聞的香水，能不能讓其他人喜歡就不重要了，最重要的是你自己喜歡就可以。所以選擇這類香水沒有什麼限制，只要你喜歡就行，隨心所欲。

　　這兩類香水使用的場合大不相同，當你出席一些重要場合或者舞會時，要選擇給別人聞的香水。

　　而私下的好友聚會或者自己一個人獨處時，就不需要考慮那麼多了，使用自己喜歡的香水就可以。

　　我經常會在晚上加班時，將一種並不符合我氣質的香水噴到身上，因為我喜歡它的味道，其他的都無所謂。

　　最後，需要記住的是：時尚和你的身分、年齡沒有關係，它是一種對生活的態度和選擇。

【社會生存篇】
女神，是生存遊戲中的大贏家

▌26 正式步入社會，年輕女孩應該學會的那些事

關於自己的事

進入社會後，要有基本的做人做事原則。即使平時做得再好，關鍵時刻的一次失誤，就可能會毀掉你長久以來的努力。

在《寒門再難出貴子》的發文中，樓主這樣總結道：

學校是不會教育你如何為人處世的，即便有思想品德課，老師也只是講些空泛的道理，而你也未必就真聽得進去。真正的做人的教育在哪裡呢？全在家裡呢！每個父母都有自己習慣的一套做人方法，他也習慣性地把這套方法傳授給孩子，因為他覺得這樣做是對的，否則他這輩子就不這樣做了。但許多普通的父母沒有想過，他這輩子的不成功是否和自己的為人處世方法有關呢，如果有關係，那他還能把自己的老一套再教給孩子，讓孩子也一輩子不成功嗎？

思維方式的差異就更大了。例如小胖的爸爸的思考方式以及對小胖的教育；自己出了哪些問題要怎樣修正；如何有自知的能力。

這群孩子大多遇到問題首先是抱怨，其次再想別的，而且一般不會思考自己的毛病。兩種思維方式都自成體系。

從外表來看你看不出它們直接產生的後果，所以作為孩子特別容易承襲父母的思維方式，但是恰恰就是思維方式是優秀與否的決定因素。

我們的孩子一旦承襲了一種思維方式。往往就決定了一生的定位，而且直至終老也未必能發現自己的思維導致了自己的命運。

如果你的出身不太好，沒有優越的家庭條件和生活環境，那麼進入社會之後，你就要自己摸索世界的規則。

大多數規則，是需要你自己透過摸爬滾打總結出來的。但是作為過來人，我願意給你一些建議。

不要給自己畫圈

不要輕易給自己下結論，不要對自己說「我就是這麼個懶散的人」「我就是臉皮薄不願意主動爭取」「這個我做不了」「我就想做份簡單安穩的工作」⋯⋯

世界大著呢，未來也長著呢，不要急著給自己畫圈。

人是不斷變化的，你會變化，你對自己的認識也會變化。

我在二十歲的時候就記住了一句話：人的思想和情感，會隨著時間的推移而發生變化。

很多時候，你現在認為重要的，也許未來就不重要了；你對自己的看法，根深蒂固的想法，也許未來也會發生改變。

保持初心，保持好奇。

學會正確對待他人對自己的評價

如果不能正確看待他人對自己的評價，那麼你就有可能為了一兩個人的看法而改變自己。

別人的評價，並不能影響你成為什麼樣的人。

別人對你的評價不能代表你。

別人對你怎麼評價不重要，重要的是你如何看待自己。

尤其是進入社會後，很多時候別人會給你一些你並不認同的評價。別人的態度和評價往往是有一定道理的，不要解釋，那樣只會越描越黑。

有時不解釋、不爭吵，反而會讓你顯得非常有涵養。

我有一個朋友很有智慧（智慧並不等同於聰明），他說：「我雖然很多地方不如別人，但我不在乎，我有權利不如別人。」

人們想要感到自卑，機會太多了！

要學會包容他人的缺點，你沒有權利要求別人因為你的喜好而改變自己。

外在條件是一回事，但是你能做到什麼程度，又是另外一回事。

關於朋友的事

真正傷害你的人不是在你背後說你壞話的人，他不敢當著你的面這麼說，自有其理由，而把話傳給你的人才是真正傷害你的人。

進入社會後，因為工作關係，我見識到各種各樣的人和事，不斷地了解社會的生存規則，不斷地見識到人心的複雜程度。

雖然因為人性中不美好的一面感到困惑和痛苦，但對自己的未來也有莫名的喜悅和信心。

很多事情，女孩，也許需要你真正經歷後才能明白，但是我還是會告訴你，希望至少能引起你的思考。

讀書的時候，你的朋友可能成績比你好，也可能不如你，但是進入社會後，你會發現，你周圍的朋友，大多數是和你同一階層的人。

工作以後，你很少會和不如你的人打交道。

職場上沒有純粹的朋友，無論是同事、夥伴還是客戶，因為利益關係，即便他背叛了你，你還是要和他繼續交往。不然，你可能就一個朋友都沒有了。

利益對大多數人來說都是第一位的，如果朋友在利益和你之間選擇了利益，請不要驚訝。

儘量不要讓你的朋友有在你和利益之間做選擇的機會。

一方面，不要向朋友索取利益，要學會互利；另一方面，做恰當的戒備，永遠不要去考驗你和他的人性。

你需要有一直站在你身邊的摯友，也需要不斷更新自己的朋友圈，讓真正優秀的人帶給你益處，這種益處不僅僅是經濟上的。

你是誰，比你說什麼做什麼更重要。

與其討好別人，不如先給自己塑金身。

在人際交往中，要捨得花錢，捨得埋單，尤其是女孩子，社會可能會對女孩子有一些照顧，異性也會優待女孩，但是女孩子主動花錢和埋單，能夠贏得別人的尊重。大家都是平等心態在交往，千萬不能給人留下愛占便宜的印象。

錢早晚會賺回來的。

第一份工作不要存錢。

我第一份工作的上司跟我說：「剛從學校出來不要想著存錢，這時候所有的錢都應該投資到自己身上，買好的衣服，多認識些朋友，學習各種感興趣的技能，你現在不是存錢的年紀。」

還有一條人生的真諦是：你可以和客戶成為朋友，但是千萬不要和自己的朋友合夥做生意。

關於說話的事

在很多時候，你只需要「不說話」。

Talk is cheap。言語是最沒有力量的。

不說話就不會出錯，言多必失。

當你說服和勸解他人時，如果說第一遍沒有造成作用，那麼就不要再說第二遍了。

很多時候，溝通技巧可以幫助我們解決溝通問題。溝通技巧帶來的好處很多人沒有意識到，我們過多強調「出發點」「發心」「意圖」，卻忽視了溝通技巧。

我建議剛步入社會的女孩子都好好學習一下溝通技巧。

關於外表的事

你的長相重要，你的穿著同樣很重要。

最好的工作形象是沉穩、幹練、乾淨，不要給人你還很小、很幼稚的印象。

有一次我和一位客戶談生意，本來合約都要簽了，但是老闆出來，看到我穿得比較隨意一身運動裝，覺得我還不成熟，怕我有什麼疏忽，於是那個合約就這麼沒了。

之後我再去重要的場合，都會特別注重自己的穿著。

如果你一年的置裝預算是兩萬元，那麼至少要花一萬元去買兩套拿得出手的衣服，剩下一萬元買基本款。

第一印象很重要，你的穿著比你想像得重要得多，它會直接影響別人對你的看法。

27 想要以後活得輕鬆，請在二三十歲時完成積累

你想三十五歲退休？我也想啊

記得我剛工作時，有句話特別流行：「做到三十五歲就退休。」

現在的我，已經不抱這種幻想了，但是願望是美好的：我們都希望在三十多歲，或者說三十五歲以後的人生過得輕鬆一些。

如果想以後活得輕鬆，那麼請在二三十歲時完成積累。

現代社會最重要的一個特徵就是分工明確，你一是要找到屬於自己的位置。

當你到了三十歲，你的事業和生活應該已經大致定型，這時就很容易判斷你今後是成為一個社會精英，還是成為一個默默無聞的社會底層。如果你在三十五歲時還沒有在一個領域中取得成就，那麼今後你的事業發展可能也不會好到哪裡去。

　　三十至三十五歲是生活和事業的成型期，但並不是說你只需要在這五年努力奮鬥，因為你在這五年得到的結果，是由你二十至三十歲這十年的努力決定的。想在生活和事業上有所成就，需要先在自己的本職工作上有所成就。

　　不論你是什麼出身，不論你是天賦異稟還是資質平平，在二十至三十歲這個階段，都需要拚命奮鬥，挑選一個適合自己的事業，然後全力去做。

成為一個可靠的人：專注、認真、擔當、守信、樂觀

　　所有人在二十歲的時候，都會做出一個選擇，即成為一個可靠的人還是成為一個不可靠的人。值得注意的是，大多數人並不會意識到自己已經做了選擇。

　　比如，在應該學習的時候，你選擇了上網；在應該考慮如何更好地解決工作上的難題時，你選擇了逃避：一件事情你花費三個小時能完美完成，但你卻選擇花費半個小時敷衍了事……

　　這些一個個看上去很小的選擇，對你三十歲之後成為什麼樣的人產生了巨大影響。

　　那麼，如何在二十歲時選擇成為一個今後有所成就的人呢？

　　首先我們要知道有所成就的人需要具備的特點：專注、認真、擔當、守信、樂觀。如果你在二十歲時就能具備這些特點，那麼等你到三十歲時必然能夠在自己的領域中有所建樹。

　　到那時，你的生活基本穩定下來，事業有了一定的成就，在社會上有了自己的地位，在面對挫折時就不會感到慌張和迷茫，你心中對未來會始終充滿希望。

　　希望未來的你能夠成為這樣的人。

　　雖然當今社會競爭非常激烈，但是社會也有它寬容的一面。

允許你選擇多種人生模式。

你可以選擇最常見的模式：上學，工作，結婚，生孩子，然後重心放到孩子身上，平穩度過一生。

你也可以選擇其他人生模式，可以將自由和挑戰作為自己的人生理想，透過旅行或者流浪的方式去不同的地方，獨自面對種種困難，在追求理想的道路上披荊斬棘。

每一種生活模式都各有利弊，你有選擇的自由，無論什麼時候，你都應該將命運掌握在自己手中，而不是交給其他人。

如果你想以後過得輕鬆，那麼在二十至三十歲就去多努力多積累。

有人認為努力積累就是多吃苦，我認為這句話只說對了一半。

如果你的方法或者方向錯了，那麼吃再多苦也沒有意義，也不值得人敬佩和學習。

有些人喜歡將自己吃苦的經歷當成資本四處炫耀，卻忽略了吃苦分為兩種，一種是有價值的，一種是沒有價值的。

現實就是現實，雞湯文學中的論調放到現實中是行不通的。

無論做什麼樣的選擇，任何時候都要努力把握自己的命運。

你在二十多歲的時候，如果能夠將精力都放在自己選擇的事業上，那麼在之後的十年時間裡，你就會不斷獲取經驗，吸取教訓，擁有足夠的閱歷以及人際關係。當你步入三十歲時，就會發現，在之前十年所打下的基礎之上，你今後的道路走起來會十分順暢。

▌28 讓努力成為你的習慣

每個人的人生都是一份重擔

有一個對所有人都適用的真理：不論你身處哪一個社會階層，當你離開學校步入社會之後，你的人生就是一份重擔。

　　所有人都一樣，人生不是讓你享受的。我們既然來到這個社會，就要一路披荊斬棘艱難前進。身處當今社會的我們面對著種種問題，競爭激烈、資源減少、金融危機……同時，階級固化就如一座高山一樣擋在我們面前，這意味著我們想要提升自己的階層會非常困難。

　　在享受生活之前，首先需要考慮的是生存。

　　在尋找立足之地之前，首先要考慮的是溫飽。

　　人生如逆水行舟，不會給你休息的時間，你一旦停止努力，就會向後退。

　　任何事，要麼不做，要麼全力以赴，千萬不要輕易放棄。

　　即使是很小的事情，也不要輕易放棄。

　　我想說的就是：人生充滿了苦難！

　　既沒有什麼捷徑能讓你避開苦難，也沒有什麼好辦法能讓你少承受些苦難。

　　你能做的就是早一點看清現實，你能夠比周圍人看清得早一點，你手中的籌碼就會多一些；你看清現實之後付出的比周圍的人多一些，你前進的速度就能快一點。

　　在這場殘酷的人生賽跑中，教條是沒有意義的。

　　如果現在給我一個機會讓我重返二十歲，那麼我希望自己能更早明白我三十歲才懂的道理。

　　也許當我到了四十歲時，又希望能返回三十歲，讓那時的自己明白自己在四十歲明白的道理，但時間是不會逆轉的。

　　所以，你三十歲時明白的人生道理在二十歲時是不可能明白的，因為這些道理是時間教會你的，時間是我人生課最好的老師。

　　人生最殘酷的地方就在於，它只會一路向前，永遠不會倒退。

　　你的每一天都是十分珍貴的，因為過去了就永遠不會再回來。

所以請珍惜每一天，同時也學會享受每一天。

我們在整個人生中要面對的苦難，有很多在我們出生時就已經在等著我們了。比如生老病死，就是每個人都無法避免的，而我們需要面對的苦難遠不止這些。

你出生時的年代、你出生的家庭、你的父母以及你的基因，都會對你今後的人生產生影響。出生年代、出生的家庭、你的父母，都是影響你人生的因素。

個人的力量在時代的洪流中是微不足道的。

比如，你出生在戰爭年代，那你的人生必然就開啟了困難模式。

區別就是，家中有錢有權的孩子面對的是困難中的普通模式，而作為窮人家的孩子，你面對的是困難中的最高難度。

出生在和平年代，家中有錢的孩子的人生往往就是簡單模式，窮人家的孩子面對的依然是困難模式，只不過不是最高難度罷了。

如果你出生在一個普通家庭，那麼從上學開始你就要面臨種種問題：學費、生活費等等。當你步入社會之後，你所面臨的問題就更多了：工作、結婚、買車、買房……這些問題你都無法避開。

真相是：任何同一階層的同齡人會經歷的問題，你基本都會經歷。

即使你因為運氣好，躲過了其中的一個問題，也無法躲過所有的問題。

現在很多年輕人都要去一線城市發展，但即便是一線城市，容量也是有限的，於是就產生了競爭。他們在相互競爭的同時也是在比拚家庭背景。家境好的可以從家裡得到很多支持，比如在經濟危急時家裡可以貼補，有些家庭甚至可以直接幫忙買房，讓其在城市中立足。而家境不好的不僅得不到幫助，而且需要反過來補貼家裡，所以這些家境不好的人只能更加勤奮更加努力，因為他們想要在城市中立足需要付出的，比家境好的人要多得多。

不過，在這裡我要告訴你一個好消息：雖然人生的問題以及困難程度已經基本定型，你無法改變，但是你可以自由分配自己的精力。

如果你把精力多分配在自己的學習、工作以及對今後人生的思考上，少分配在毫無意義的自我抱怨、傷春悲秋上，那麼今後當你遇到那些原本會讓你摔個大跟頭的問題時，可能只需稍微停一下就能夠解決。

此消彼長，道理就是這麼簡單。

29 謹慎對待每一個選擇

為什麼過後才發現：我竟然什麼也沒有做

很多女孩在畢業三五年之後突然大發感慨：我忙忙碌碌這麼多年，現在回頭看看，竟然什麼也沒有做。

為什麼會這樣？

進入社會後，如果不能學會縱觀全局，很容易被忙碌的現實生活推著走，一方面總是被迫做緊急的事情（比如為了生計而奔波），而忽視了做重要的事情；另一方面由於做出錯誤的選擇，不斷錯過更好的機會。

請謹慎對待自己的每一個選擇，分清沉沒成本和機會成本。

沉沒成本：是什麼阻礙我們做出正確決策

已經為一件事情付出的時間和金錢叫做沉沒成本。經濟學上認為，沉沒成本不應該對你的決策產生影響。

我透過以下兩個很簡單的例子來解釋一下沉沒成本。

第一個例子是這樣的，一個女孩想學習芭蕾舞，所以在一個成人芭蕾舞培訓機構購買了三個月的課程。可是上第二節課時，腿就受傷了，無法正常上課。女孩的想法是，芭蕾課程的費用我已經付了，如果因為受傷不去，那我的錢就浪費了，於是堅持繼續上課。

最終的結果就是：跟腱斷裂，只能住院治療。

第二個例子是發生在我媽媽身上的。有一次，我媽媽在廚房的角落裡發現了一瓶罐頭，是很久以前我從海外代購的，還挺貴。

媽媽雖然看到已經過了保存期限，但是她一向節儉，所以偷偷把罐頭吃了，結果引發了腸胃炎，去醫院吊了幾天點滴才好。她治療花了一千五百元，而罐頭加郵資是八十元。

　　不要為了已經付出的時間和精力而執著於一件事情。一件事情的放棄與否應該由未來的發展情況決定，而不是由之前為這件事情的付出決定。如果判斷出這件事情在未來不太可能有好的發展，那麼就應該果斷放棄。

　　我有個女性朋友請我幫她決策一件事。二〇一五年五月，我的這位朋友被她現在的公司挖角，許諾薪資翻倍，我善良的朋友當時沒有想到簽了合約再入職，就直接辭了職。

　　入職以後才發現，新公司給她的薪資遠不到當時承諾的薪資。

　　她問我，是否應該辭職。

　　我說：「你辭職和不辭職的理由是什麼？」

　　她不辭職的理由是：她剛剛辭去之前的工作；雖然這個公司給的薪資沒有達到她之前的兩倍，但也提高了二〇％；她在這個公司做得還算順利，如果不出問題，也許明年她就能升職，升職速度要遠高於同業水平；如果現在辭職，她又要從頭開始。

　　她辭職的理由則更加現實：她發現這個公司的運作有極大的問題，有很多操作是違反法律的，這是不可能持久的，一旦暴露，後果不可想像。

　　我對她說：「你已經失去的工作是典型的沉沒成本，不應該成為你決策的理由。而且，如果一家公司讓你升職太快，也許說明這個公司的晉升機制有問題。最重要的是，這家公司有很大的運作問題——這些才是你最應該考慮的，這些會帶來什麼後果？如果這些問題暴露出來，你還能繼續升職嗎？你在這個公司還有未來嗎？甚至，你在行業內還有多大前途？」

　　她聽了以後，立刻決定辭職。

　　離職後大概三個月，她才找到心儀的工作，雖然覺得不開心，但是只能接受現實。

二〇一六年一月，那家公司的問題暴露出來，公司的高階主管包括她原來的上司，還有她的一個同事都被帶走問話了。

她慶幸地說：「幸好我辭職了，不然被帶走的也許就有我，雖然我沒有做虧心事和違法的事，但是在行業內也不會有什麼前途了。」

機會成本：你需要考慮的不僅僅是眼前的選擇

機會成本指的是面臨多種選擇時，你需要選擇其中一個，捨棄其他，而那些沒有被你挑選上的選擇中，取得收益最高的那項就是你的機會成本。

比如，現在擺在你面前三種賺錢方法，選用 A 方法你能輕鬆賺取兩百元，選用 B 方法你可以穩定地賺取五百元但並不輕鬆，選擇 C 方法可以輕鬆賺取一千五百元但不穩定。你思考之後選擇了 B 方法，那麼你付出的機會成本就是輕鬆但不穩定地賺取一千五百元。

機會成本告訴我們，應該學會縱觀全局，認真思考自己面對的所有選擇，明白自己在做出一個選擇的同時失去了什麼。

選擇 B，你得到了穩定，但是失去了獲得更高收益的機會。

選擇 C，你得到了獲得更高收益的機會，同時也有什麼都得不到的風險。

很多人上學時都有打工的經歷，通常是做發傳單員、促銷員等，犧牲自己的學習時間，換取微薄的薪酬。從機會成本方面來說，做發傳單員、促銷員之類的工作所帶來的收益其實是負的。

不少人對商業保險比較排斥，但是有些商業保險還是有必要買的，這個錢不應該節省。我聽過這樣一件事：有一對中國夫婦到美國旅遊，在途中發生了意外，因為他們在旅行前沒有購買一百美元的旅遊保險，所以事故發生之後無法支付巨額的醫療費用，最後只能依靠募捐治療。

這對夫婦旅遊前，在花費一百美元購買旅遊保險和節省一百美元不購買保險兩個選項中，選擇了後者。在當時看來是節省了一百美元，但是因為旅途中發生了事故，他們後來所花費的金錢要遠遠高於購買保險的一百美元，這些多花費的金錢就是他們付出的機會成本。

節儉是美德，但我們要分清什麼事可以節儉，什麼事不可以節儉，不是什麼花費都能節省。如果你在不應該節省的事上節省了，那麼你有可能會付出高昂的機會成本。

要謹慎地對待重大問題的選擇，因為你的選擇有可能會帶來高昂的機會成本。在面對重大問題的選擇時，你應該先收集各種相關的資訊，寧可多花費金錢和時間，也不要草率做決定，盡自己最大努力避免高昂的機會成本。在日常生活中我們不難發現，有一些人對於小事情會精打細算，但面對重大事情時反而草草做決定，這種行為是非常不理智的。

在成長的道路上，會有很多岔路口讓你選擇，有些人不知道該選擇哪一條路，所以就想將所有的道路都試一下，這樣做的結果就是個人精力被嚴重分散，最終一件事情都做不好。

如果在面對岔路口時，能夠將目光放長遠，對自己的選擇進行科學的分析，然後再做選擇，那麼付出的機會成本可能會小很多。

▌30 請尊重能決定你前途的那些人

你尊重的是他的位置，而不是他本人

請尊重那些能決定你前途的人，比如你的主管、你的重要客戶等。無論什麼時候，你的上司都是對的。

有的女孩說，我的主管是個人渣我也要尊重他嗎？

第一，他是不是人渣，不是你一兩句話決定的。

第二，你尊重的不是他本人，不是他的人格，而是他的位置，是所在的組織賦予他的權力，是他對你前途的決定力。

即使你對老闆非常不滿，你在他面前也不能表現出來。

一個人對你持什麼樣的態度，很多時候取決於你們之間的關係，身處職場的人要牢記這一點。

有些人經常會誇獎你，但他們這麼做很可能並不是因為你非常優秀，而是你與他們的關係要求他們這麼做。

如果你的意志不夠堅定，那麼進入一個新環境後，請遠離那些整天抱怨的人。

人的情緒是能夠相互傳染的，當你到一個新環境後，他人的長期抱怨會讓你對所在的環境感到失望，進而工作態度也會變得消極。

當然，如果你有足夠堅定的意志力，那麼與那些整天散發負能量的人接觸還是有好處的，因為他們大多說話口無遮攔，你能從他們口中得到很多有用的資訊。

與主管相處是有規則的

不要認為你的主管什麼都不了解，你付出的辛苦，主管很多時候是知道的，但是即便他們知道，也需要你說出來。主管有他的立場，他對一件事情的看法和你是不一樣的，所以你要說出來，引導他站在你的立場上考慮問題。他只有知道了你面對的困難，才可能考慮你的感受。

主管交給你的任務，你在完成之後要多檢查幾遍再匯報，即使你確實發揮出色，很快就完成了，也不要立刻匯報。你想一下，假如你將一個工作交給了手下的人，這份工作正常情況下需要三天完成，結果那個人一天就完成了，你會怎麼想？

可能會產生「這是在隨意應付我」的想法，一旦有了這種想法，即使這份工作沒有問題也會去挑問題，除非這份工作確實非常著急。

主管讓你幫忙做原本不屬於你的工作，即使你非常輕鬆就能完成也不要表現出來。當你表現出這個工作只不過是舉手之勞時，你的主管就會認為這種小事是你應該做的，不必對你表示感謝。下次有這樣的事情他還會找你，並且覺得心安理得。

學會帶給他人愉快的感受

第一印象非常重要，人們一旦對某個人有了第一印象，再想改變會很困難。

要學會更多地注意他人，不要總是以自我為中心，如果能做到這一點，那麼相信你與他人在一起時雙方都會很愉快。

學會尊重他人，這和他人是否優秀沒有關係，而是取決於你的素質。

學會傾聽，傾聽並不是讓你呆坐著聽對方說話，而是要明白對方想表達的意思，你要有願意了解對方的意願。女孩子經常會對男朋友說「你不懂我」，這句話其實是想讓你知道她想表達什麼。

學會用感情對傾聽的內容做出回饋。

在傾聽時，你可以透過眼神表達自己的悲傷，可以給對方一個擁抱表示自己的關心，可以緊握拳頭表達自己的憤怒。傾訴者在看到你的情緒回饋之後，會覺得你是真的設身處地為他著想了，而且你就陪伴在他身旁。

記住：你想要別人用什麼樣的態度對待你，你就要先用什麼樣的態度對待別人。

31 給予回報比什麼都重要

不懂得回報，下次可能你就沒機會了

我喜歡請教那些資歷和見識遠勝於我的前輩，他們的人生經歷更豐富，見識也更深刻。畢業之後，我從前輩身上學到的經驗和智慧，和我自己在社會中得到的一樣多。

而我得到的最好的建議之一，就是：

任何時候，只要別人幫助了你，你就一定要給予回報。

有位前輩給我講了這樣一個故事：

我有兩個朋友 A 和 B，他們年紀差不多，都是二十七八歲，兩個人都是隻身來大城市上大學，畢業之後就在大城市安家立業。

兩個人的家境都一般，所以都需要自己奮鬥。他們兩個和我的交情一開始也差不多，直到發生了一件事。

二○一六年兩人先後結婚，都開始思索買房子，拜託我幫忙買一個大樓的房子。

也是巧合，那個大樓我還真有一些關係，我的朋友 C 是那個大樓的銷售經理，於是我打了很多次電話，拜託朋友 C，替他們兩個都搶到了特價房。

其中朋友 A，我的朋友 C 還替他額外降了八千元，因為他手裡只剩一個優惠名額了，衡量之下給了 A。

朋友 A 知道後很高興，據說還特地打電話跟朋友 B 說：「哈哈，不服不行啊，真是好運氣。」

我沒想到朋友 A 這麼不懂事，心裡有點怨他，不應該把優惠八千元的事情讓朋友 B 知道，顯得我厚此薄彼。

但是朋友 B 特地為此打電話給我，說他知道這都是運氣，對於我能夠幫他買到心儀的房子非常感激。

如果事情到此為止，那還不會影響我對兩人的態度。

之後幾個月，朋友 A 既沒有上門表示感謝，也沒有打電話。買到房子後，他就這麼從我的生活裡消失了。我獲得他消息的唯一管道就是朋友圈，今天簽合約了，明天付頭期款了，大後天交鑰匙了等，不一而足。

但是朋友 B，專程上門表示感謝，還非要請我吃飯。在席間，B 拿出兩份禮物，一份是給我的，表示對我的感激；另外一份，則是讓我送給幫了大忙的朋友 C 的。

他的話說得特別平實，又特別巧妙：「這個禮物，你送給那個在選房上幫忙的朋友。」隻字未提以他的名義送禮，而是讓我以我自己的名義去還人情。

朋友 B 是懂得社交規則的人，他知道我請人幫忙，是要搭人情的，我需要把這個人情還回去。

在我請朋友 C 的時候，我把朋友 B 給的禮物拿出來，說：「B 說非常感謝你幫忙買到房子，這是他託我帶給你的小禮物，你別嫌棄。」

這樣一來，皆大歡喜。經過這件事，我和朋友 B、朋友 C 的關係都更近了一步。朋友 B 無論是給我，還是給朋友 C 都留下了「懂事」「知道感恩」「可以一交」的印象。

而朋友 A，我是不會再幫他了。

我注意到，那些出身較好的女孩和出身普通的女孩，在為人處世方面有很大的差別，那就是出身較好（家人經商或者從政）的女孩更注重人情世故，更懂得分寸和給予他人回報。她們任何時候都不會讓幫助自己的人吃虧。

而出身普通的女孩，其實也一樣是善良的，只是很多時候，她們不那麼懂人情世故，當你給予她幫助時，她並不懂得要給予回報。

她只是在心裡感激。也許是因為害羞，所以不好意思將感激表達出來。

其實我並不想用出身來說明什麼，但是現實就是赤裸裸的，社會的人情和規則都是潛移默化的，很多女孩從自己的父輩、從自己生活的環境中就學到了這些。

如果你沒有學習這些規則的家庭環境，那麼從現在開始學也不晚，這幾乎是窮人逆襲的最大保障。

如果別人幫助了你一次，你沒有給予相應的回報或者回應，那麼也許下次別人就不會再幫你了。不懂得回報，你的路會越走越窄，你會發現，願意幫助你的人越來越少。

互利是窮人逆襲的最大保證

除了自己需要努力，在別人幫助你時，一定要給予別人回報，我想這是窮人逆襲最需要的思維。

即使你酬謝他人的時候感到不好意思，但是基本的請客吃飯、經常打個電話，還是要做到的。

有些女孩因為自身條件不錯，常常得到別人的幫助，便把別人的付出看作理所應當，結果導致願意幫助她的人越來越少，僅剩的幾個人還都是對她有所圖的。

懂得和他人互相幫助、互相給予的，才是女神；只收穫不付出，那叫撈女。

我們在生活中，往往要和身邊的人進行無數次互利，說得中性點叫利益交換，說得好聽點叫互相幫助。

不管說法是什麼，「互相」兩個字才是根本。大家都喜歡認可自己付出、回報自己付出的人。無論是一個感謝的電話、一次請客吃飯還是一份小禮物，這些都是回報。

在你的一生中，你與他人發生互利的次數越多，你的路就越寬。

32 運氣不好，只是努力不夠

你真的只是運氣不好嗎？

我有一個朋友 W，她已經工作三年了，在二〇一六年五月，她選擇離開現在的公司，告別每月兩千兩百元的收入和無聊的文書工作，想要尋找理想中的工作。

一個月後，她非常困惑地對我說：「為什麼我投了那麼多簡歷，卻沒有一個有回音？」

我看了看她投簡歷的職位，都是有技能門檻的專業助理工作，而她在過去的三年中，除了做文書的工作。真的什麼也沒學會。

於是我告訴她：「你沒有專業技能就想應徵助理，這是不可能有結果的。」

她有些生氣，大聲說：「我不介意薪資低，不介意工作辛苦，我願意努力工作，我有這樣的誠意，為什麼不行呢？」

說完之後她又加了一句話，「我的運氣實在是太差了。」

我苦笑了一下，然後問了一句：「你真有足夠的找工作的誠意嗎？」

二〇一五年我和朋友合作了一個專案，感覺前景不錯，於是我把很大精力投入到這個項目中。確定了項目，就是招聘。因為我要招聘的是核心成員，所以沒有透過徵才網站招聘。

我先把徵才要求發到了相關論壇上（年齡、專業技能、性格、所在地等），然後將公司大概情況做了簡單介紹，以便讓來應徵的人對要做的事情有所了解。

第二天就有人給我發了郵件，說她對我要做的專案非常感興趣，但是她沒有做過這方面的事情，也沒有資金，只是覺得這個行業非常有前景，所以想和我合作一起發展。她還說雖然自己現在什麼都不會，但是她是一個有上進心的人，願意去學。我回覆郵件拒絕了她。

接下來幾天，我又收到了好幾封類似的應徵郵件，內容都是大同小異：我可以打雜，我沒有專業技能，我也沒有相關經驗，但是我努力上進，可以學習。因為數量較多，我沒有再一一回覆。

我看著這些人發來的郵件。突然想起了女孩 W，她們的措辭都差不多，表達的意思也大同小異：我很有誠意，我很願意努力，我什麼都可以做，只要你願意錄用我。

如今，女孩 W 又回到了自己熟悉的文書職位，做著一份無聊的工作，薪水也沒有提高多少，想像中的從底層做起走向輝煌的情景也沒有出現，甚至連點起色都沒有。我告訴她：要在工作之餘學習一門技能，如果想進入某個專業領域，首先要知道這個領域的相關知識，而這是需要自學的。她只當耳邊風，還是每天都在哀嘆自己運氣實在太差，當初不應該選擇跳槽。

她們的誠意是什麼呢：我什麼都不會，但是請你給我一個機會！

也許這些什麼也不會的女孩，就像女孩 W 一樣，畢業之後隨便找了份簡單的工作。因為工作內容相對簡單，也不需要什麼技能，做得還不錯；這一

份無聊的工作一做就是兩三年，然後開始考慮轉行。但是對於她們表達的「誠意」我完全不能理解，她們所說的誠意，就是直接告訴用人單位「我什麼都不會，什麼也沒有，但是你可以選擇我，然後教我做事」？

你「願意努力」，並不是你的資本

在我眼裡，這是非常沒有誠意的表現。你現在什麼都不會，這是客觀事實，但你起碼要告訴我，你在學校的時候策劃過什麼活動，你在某某論壇上發表過什麼有建設性的發文，或者因為自己有很多不足，所以利用業餘時間去學習了什麼……這些才是我想看到的誠意，也是可以證明你因為自己的不足，而付出的努力和做的準備。

對於「什麼都不會」「願意從底層做起」這樣的話，我非常反感，你不從底層做起難道還直接就從高層做起？你在不具備一定的實力和資本前，謙卑對你來說不是美德，而是必需品，不要將它當作資本。

▋33 如果小時候沒有學會情緒管理，請從現在開始

有的人一生都沒有學會控制情緒

很多人在進入中年後才學會控制自己的情緒。這其實並不奇怪，有相當一部分人一生都沒有學會控制和表達自己的情緒。

其實學習情緒管理應該從小開始，如果你小時候沒有建立起完善的情緒系統，那麼請從現在開始。

為自己建立一套彈性的情緒系統。

彈性的情緒系統，是指你的情緒可以在一定程度內收放自如，你擁有正常的情緒，同時又可以自控。

有些人可能不明白什麼是彈性情緒系統，我可以舉個例子說明。

比如我們感覺自己受到了他人的侮辱，或者我們抱有很大希望的事情沒有得到想要的結果，這時，我們就會產生憤怒的情緒。

憤怒的情緒產生之後我們應該如何面對呢？是暴跳如雷立刻反抗？還是不去理會默默承受？

這時就需要彈性情緒系統發揮作用。同一種情緒，在不同時間、環境或者狀況下，我們需要用不同的方法去應對。

在大多數人眼中，憤怒是一種非常糟糕的負面情緒，但實際上並不是這樣。憤怒情緒的存在是為了保證我們能夠更好地生存下來，憤怒是一種不可或缺的情緒。一個沒有憤怒情緒的人永遠會被他人欺負和壓迫，憤怒常常是讓我們擁有自由和公平生活的另類保障。

但很多時候，憤怒會讓我們很難控制自己的情緒。比如，當我們感覺自己受到了他人的傷害時，有可能對方只是無意的行為，但是我們還是會產生憤怒，這時我們就需要控制自己的情緒。

在大多數情況下，發生正面衝突並不是好的選擇。

你需要用自己的理智來控制憤怒，然後再思考怎樣作出回應。現代社會競爭激烈，要想更好地生存下去，除了必要的競爭力，憤怒是必不可少的能力，但同時你也必須有控制自己情緒的能力。

面對心中的憤怒情緒，有時可能需要我們暴跳如雷，將它發洩出來：有時則需要平心靜氣，坦然地承受。究竟選取哪一種方式應對，這由事情發生的場合、時間和性質來決定。所以，我們需要擁有一套情緒系統來應對這種情況，讓我們的情緒能夠以最恰當的方式表達出來。

如何調節自己的負面情緒？

雖然你能夠認識到某些情緒是負面的，是不應該出現的，但是卻無法改變自己的情緒。有的人會採取壓抑自己情緒的方法，但是情緒不可能一直被壓抑下去，壓抑只會使你的情緒在某一時間突然爆發出來。

別想著逃避，逃避只會使負面情緒更嚴重。

現實常常會讓我們產生負面情緒，當我們出現負面情緒時，有人選擇逃避，不去面對這一切，但是這種做法只會讓事情向更壞的方向發展。

情緒不可能被永遠壓抑，但是你能夠讓一種情緒去替代另一種情緒。當你主動面對事情尋求解決方案時，就會發現其實這並沒有多可怕。

讓正面情緒替代你的負面情緒。

當你高興時，可以打籃球，可以讀書，可以跑步等。長此以往，這些事情會成為你正面情緒的開關。我們有可能會忘記一個人長什麼樣，忘記一件事情是如何發生、如何結束的，但是我們對人對事物的感受並不會消失，它們都藏在我們的潛意識中。

當我們的情緒開關設置成功，再碰到負面情緒時，可以做一些能夠打開我們正面情緒開關的事情，讓正面情緒去替代負面情緒。

給自己的心靈找到寄託。

信仰能夠讓人更容易控制住自己的情緒，身處困境時，信仰能夠成為精神的寄託和歸宿。

我以前經常胃疼，每當這時心情也會變得很煩躁。但是在前往醫院的路上，我的煩躁會慢慢平復，因為我知道即將到醫院，剩下的事情醫生會很好地處理，我自己不用再擔心。

有時我們需要承認自己的弱小，找到一個精神上的寄託。

你可以讓自己的理想成為寄託，也可以讓信仰成為寄託，一旦擁有了寄託，很多困難的事情在你眼中就會變得很簡單。

【終身幸福篇】
人生，其實不是一場馬拉松

34 有沒有一樣東西，可以保障終身幸福

停止幻想是解決人生問題的開始

二〇一五年，我發生了很大的改變，一個重要的改變契機來自我大量地閱讀和自我反思。我閱讀了許多關於人生問題和人生痛苦的書籍，其中最重要的兩本是《少有人走的路》和《活在當下》。

這兩本書對我的影響非常大，讓我開始重新審視人生，審視自我，審視我逃避生活的狀態，審視我自身的痛苦和問題到底來自哪裡。

當我們凝視深淵，深淵也回以凝視。

當我開始迴避問題，我本身就成為問題。這兩本書使我學會了保持「臨在」，保持對自我想法和情緒的觀察，並不斷發現內心那個齷齪、自私、憂傷而喋喋不休的聲音。

很多時候，我驚訝地發現，我竟然被內心那個小小的自我如此控制，卻茫然不覺。

保持對自我的觀察，對自我的反思，是解決情緒問題的開始。

而停止幻想，則是解決人生問題的開始。

世界上只有一〇％（我真的懷疑是否有這麼多）的女孩活在真正的幸福中，剩下九〇％的女孩則各有各的導致她感到不幸福的問題。

不要再期待世界上有絕對的幸福，要相信即使你有那麼多使你感到痛苦的事物，即使現實令你失望，但是你依然可以承載它們，獲得幸福。

這兩年《哈佛幸福課》特別火爆，在人群中瘋狂地傳播，我也用了很多時間，把二十多集的幸福課看完了，確實非常受啟發。

但是幸福課就能讓我們幸福嗎？當然不是，幸福的起點是面對現實；幸福的起點是懂得道理，然後拋下「道理」，走向現實。

你懂得很多道理，但是你真的實踐過那些道理嗎？

沒有行動、不願意行動，真是我們人生中的最大黑洞，我身邊很多女孩子，都是一邊抱怨生活的艱難和無趣，一邊沉淪於生活中的負面情緒。

只要行動，就意味著你開始擺脫不幸福的泥沼了。

但是你寧願抱著不開心，一遍遍刷微博、朋友圈，在社交網站更新你乏善可陳的狀態，關心別人和你毫無關係的生活，也不願意走進陽光中，抽出一個小時去運動，去「真正地生活」。

我們活著，並不意味著我們在生活。

我們習慣於用不屑一顧的眼神面對世界，假裝成熟，假裝看透，卻不願意承認。真正的成熟，就是見識過很多殘酷和失望，卻依然心懷希望和溫柔。

哈佛幸福課的主講人塔爾教授，年輕時是個不快樂的人。他是個典型的完美主義者，在不斷地自我質疑和自我折磨中，陷入了他人無法理解的焦慮。

因為在別人眼中，他似乎擁有了一切。

而他不明白的是，為什麼他仍然不快樂？怎麼做才能獲得快樂？於是他開始研究幸福，不斷實驗那些能使他幸福的方法，最後得出了關於幸福的一套完整體系，並分享給不同世界不同背景的人。

你的生命終極目標，不是錢，不是地位，不是別人羨慕的眼神，不是五十個香奈兒，也不是金光閃閃的高跟鞋。

親愛的，是幸福，是快樂。

我們總是習慣於關注不快樂的事。

打開社會新聞、入口網站，我們滿眼都是那些最不幸的消息，某個年輕女孩遇害，哪裡發生了地震，哪裡的飛機失事。

和悲傷、痛苦相比，快樂顯得那麼稀缺。

我們的思路也總是習慣於強調人類的限制性，人類的生老病死，人性的弱點。是不是人生的痛苦遠大於幸福，人類的弱點是無可戰勝的？當然不是，

人生的痛苦既不是特別多，也不是特別少，大多數人的痛苦和幸福的值不相上下，有的人幸福，有的人不幸福。

取決於你把其中的哪個看得比較重。

35 幸福基線：決定你幸福的九〇％

幸福基線：不好不壞情況下的幸福程度

一個人是否幸福，九〇％是由其幸福基線決定的。

所謂的幸福基線，是指在既沒有發生好事也沒有發生壞事的情況下，你的幸福程度。

發生好事，我們會覺得幸福；發生壞事，我們會感到不幸。

比如，考入你夢寐以求的知名大學，你以為你會為此開心很多年。實際上，你只是在剛剛收到錄取通知的那幾天很開心，那就是你快樂的巔峰了，而後幸福感不斷衰弱，它能帶給你的刺激也越來越小。

通常在入學半年到一年時，你就不會再為進入知名大學感到幸福了，你的注意力已經被學業和其他事物所吸引。

如果你的幸福基線是七十分，那麼考入知名大學，會在短時間內把你的幸福指數提高到九十分，兩週後你的幸福指數變成八十分，入學三個月後變成七十五分，入學半年以後，你的幸福指數，已經和你沒有考上大學前差不多了。

這就是幸福基線。

同時，不幸的事情發生，也會在短時間內降低這個基線。沒有考上知名大學，你辜負了自己和所有人的期待，你的幸福指數會降低，但是隨著時間的流逝，半年後，一年後，你仍然是原來的你，你會發現，你的快樂程度其實和一年前一樣。

時間會帶走因事而生的快樂，也會帶走因事而生的不快樂。

沒有什麼事值得你鬱鬱終生。那些鬱鬱終生的人，並不是因為什麼事，而是因為他本來就是個悲觀的人。

一個患有嚴重憂鬱症的人中了樂透，發了財，他會因此永遠幸福嗎？當然不會，短暫的狂歡之後，他仍然是那個憂鬱的人。

情緒會隨著外界的變化而變動，而幸福基線是永遠不變的，它是你內心的穩固狀態。

那麼，該如何提高自己的幸福基線呢？

影響幸福基線的三個因素

影響幸福基線的三個因素：遺傳因素、外部環境、自我意願和行動。

遺傳因素

很遺憾，很多事在我們出生時就已經決定了。比如，你基因中被寫入的快樂更多，還是悲傷更多，有的人就是天生天不怕地不怕，天塌下來也無所謂；有的人天生就多愁善感，一件小事都能困擾他很久。

外部環境

除了基因，影響我們幸福基線的另外一個因素就是外部環境，發達國家的人與戰亂國家貧窮饑餓的人，幸福基線肯定是不一樣的。

一個健康的人與一個身有痼疾的人，幸福基線也會表現出明顯差異。還有我們最看重的家庭環境，生長在幸福家庭，從小得到父母庇護和關愛的人，與生長在不幸家庭，被家暴和忽視的人，幸福基線也不一樣。

但是，我必須強調一點，外部環境雖然會影響我們的幸福基線，但卻不是決定因素！透過研究財富對幸福指數的影響發現，當人類的基本需求「溫飽」「安全感」得到滿足後，財富對個人幸福產生的影響，就可以忽略不計了。

住豪宅的人一定會比流浪街頭無家可歸的人幸福，但是卻未必比住在兩房小屋裡的人幸福。

自我意願和行動

意願和行動本身就能改變幸福基線。

幸福常常取決於我們關注什麼。我們看到什麼，我們就感到什麼。

每件事都有正反兩面，選擇關注哪一面，決定著我們的幸福感。

學會解讀一件事，比事件本身更重要。

我們無法改變事件本身，但卻能改變我們看待它的角度。

這並不是讓我們變成魯迅筆下的阿 Q，而是讓我們學會將自己的注意力轉移到事物積極的一面去。

學會讓你的積極思維主導你，而不是你的負面情緒。

不知道從什麼時候開始，積極和樂觀常常和「盲目」「假」掛在一起，盲目樂觀、假積極、自欺欺人，是社會對積極思維的看法。

採取悲觀的態度，這樣即使不幸發生，「至少我說對了，不至於被人說讓你樂觀」，這種想法的本質是畏懼。

不要畏懼樂觀，不要畏懼因為樂觀而受到嘲笑，不要畏懼因為樂觀而失望，努力成長為更強大的人。

你越欣賞一件事，它越會增值；你越欣賞自己的樂觀，它越強大。

每個人都有成為樂觀的人的潛質，前提是你願意培育它，澆灌它，而不是在它剛冒頭的時候就把它扼殺在搖籃裡。

任何時候，都要讓自己成為主動者，成為掌控事件發展的人，而不是被動等待奇蹟發生，或者沉淪在自己的負面情緒中。

停止憤怒，停止自戀，它們只會造成心靈的沮喪。

學會感激讓你更快樂。

「感激」對於我們來說是一個非常重要的「管道」，我們必須用心去挖掘才能夠得到。人們通常對已經擁有的東西不在乎，對於自己沒有得到的東西卻十分重視，這樣就很難有幸福感和滿足感。

想要真正學會感激，需要不斷練習，直到感激成為一種習慣，融入我們的性格中。不要等到無法挽回的地步才想起來感激。

可以每天寫出值得自己感激的事情，儘量多元化，不要重複，這會讓你學會發現值得自己感激的事情。你可能會感覺這種方法像是小學生寫日記，非常幼稚，認為只要將值得感激的事情記在心裡就可以了，何必寫出來呢？

將自己認為值得感激的事情寫出來是很有必要的，這樣做能夠讓你每天都有意識地尋找值得感激的事情，思考自己身邊的美好事物，不斷地刺激和強化這一能力，使其成為你性格的一部分。只是將感激記在心裡，就像是走在沙漠中的腳印，風一吹就消失了。

你可以每週挑出幾件令自己感激的事情寫感謝信，然後帶著感謝信去拜訪當事人，當面將信的內容讀出來。可能這樣做會讓你感到尷尬，但是卻能造成非常好的效果。一週快要結束時打電話約定上門拜訪的時間，然後下週去拜訪，拜訪完之後再寫感謝信，再打電話，再拜訪。如此循環，讓它成為一種生活習慣。

不要指望「什麼事發生會讓你快樂」，要指望「什麼事都不發生，你也快樂」。

甚至要指望：即使不幸的事情發生了，你仍然快樂。

36 溫暖，也許就在下一個轉角

熬不下去了怎麼辦

那天晚上十一點，我接到小 H 的電話，她抽噎著對我訴說這些年的不如意：工作的反覆、數次分手、父母的偏心以及那天下午上司的冷嘲熱諷，讓她心灰意冷。

她說：「我真的好累啊，我覺得熬不下去了。」

我想了想，給她講了 Z 女孩的故事。

我有一個來往多年的生意合作夥伴，我們先叫她 Z 吧。雖然和 Z 是透過生意合作認識的，但是多年來的合作讓我們已經從合作夥伴逐漸成為朋友和知己。

Z 已經到了不惑之年，當年她不顧家人反對，毅然決然地從眾人羨慕的法院辭職，下海經商。經過多年的打拚，Z 如今可以說是功成名就，是周圍眾人所羨慕的對象。

但是我知道，在她光鮮的外表下也有痛苦和遺憾，她一直沒有結婚，也沒有孩子，她曾不只一次和我說過這個。

當年 Z 決定辭去法院的工作時，周圍所有人都無法理解。當時她和男朋友已經見過雙方父母，到了談婚論嫁的地步，她這個決定引起男友和男友父母的極力反對。男友的父母直接告訴她，如果她辭職，就讓兒子和她分手。於是，Z 選擇了分手。

當時 Z 的想法是：「既然大家想走的路不一樣，那就不要耽誤彼此了。」

Z 三十歲時，追求她的人還是很多的，但那時 Z 忙於自己的事業，雖然也想要一個家庭，想要一個孩子，但還是讓步給了事業。Z 的想法是：「還是再等一等吧，結婚生孩子晚兩年也來得及。」

幾年之後，當年追求她的人都已經與別人組成了家庭，Z 依舊是單身。

Z 三十六歲那年，認識了一位大學教授，對方是那種非常有氣質的文化人，很快兩人墜入了愛河。Z 覺得雖然有點晚，但是還來得及。

在兩人即將步入婚姻的殿堂時，對方心裡又有了其他人，這個人是他的學生，剛滿二十五歲。

Z 沒有再做什麼，決定放手。

此時 Z 已經心灰意冷，就這樣一直單身到四十歲。

Z 的四十歲生日是我和她一起過的，我們站在全市最好的飯店的最高處，一邊喝著紅酒一邊聊著這些年的經歷和感受。Z 對我說：「對於婚姻我並不是十分看重，但是我真的想要一個孩子，沒有孩子是我這一生最大的遺憾。如果有可能我願意拿自己的所有去換一個孩子，但是現在一切都晚了……」

和 Z 認識這麼多年，我習慣了看她扮演女強人的角色，這麼失落消沉的她我還從沒有見到過，我不知道該怎麼回應她說的話。

因為 Z 並不是一個初入社會的小女生，多年商界打拚，所有的人生道理她都明白，她是一個足夠聰明的人，但有可能正是因為太聰明，所以她不快樂。

Z 接著說：「其實無所謂了，我現在也看開了，保持一個單身女強人的形象也不錯。」

故事到這裡，是一個標準的悲傷故事。

然而命運總是難以捉摸的，Z 心灰意冷之後獨自出去旅行，在一艘豪華遊輪上，她認識了命中註定的另一半。

兩人沒談多久就結婚了，一年之後，Z 成為媽媽。

我到 Z 家去探望她，她懷裡抱著孩子對我說：「這麼多年來，我對於自己所做的事情從來沒有後悔過，雖然很多事情別人都不能理解，但是我知道自己想要的是什麼。我後悔的事情只有一件，就是三十六歲那年感情受挫後對婚姻心灰意冷，因為感覺自己這輩子不可能有家庭，也不可能有自己的孩子了，所以非常悲傷。不過現在都已經過去了，如果有機會的話，我想要對

當時的自己說，不要因為眼前的痛苦就傷心失望，放棄信心，因為你不知道未來會遇見什麼。」

溫暖，也許就在下一個轉角。

37 糾結地活著，又怎麼可能快樂

不快樂是世界的流行病

很多人不快樂，尤其是年輕人。

我們為什麼不快樂？

慾望太多，實現太少。我們透過電腦螢幕和手機螢幕「看到」的世界太精彩，和我們真實的生活形成了鮮明的反差。

我們常常算計，怕沒錢，怕沒有安全感，害怕人生的無常。

我們無比關心別人的生活，關心別人吃了什麼、做了什麼、玩了什麼，或者被動看到這些，或者主動看到這些。

我們無比關心他人對自己的看法和評價。

我們偶爾笑笑別人，偶爾被別人笑笑。

未來有太多不確定性。

喜歡我的人我不喜歡，我喜歡的人不喜歡我。我喜歡和不喜歡的人都不能以我喜歡的方式喜歡我。

我們永遠要求自己進步，卻好像總是原地踏步。

我們渴望升職加薪，但是工作似乎永遠也做不完。

我們想要有計劃地生活，但卻總是做不到早睡早起。該睡覺的時候，我們被美劇和社交網路吸引了注意力；該早起晨練、做早餐的時候，溫暖的被窩又變得更具有誘惑力。

我們不斷對自己提出要求，不斷設定目標，但是目標永遠是那麼遙遠。

上升的是體重，下降的是體質。

朋友看起來總是過得比我好，前男友找的新女友比我年輕漂亮，現任男友相比前男友卻又有諸多不足。

同事不好相處，斤斤計較、推卸責任又唯利是圖。

上司總是異常苛刻。

想要更多的金錢，更多的權力。

我不喜歡自己的工作，這個工作不適合我，大材小用。我認為適合的工作，竟然不要我。

我看到別人在看電影，我也要去買票。

我看到別人去西藏，我也要請假訂火車票。

我看到別人晒幸福，秀恩愛，我也要脫單找人炫耀。

一言以蔽之：我們是如此糾結地生活著。凡是我擁有的我都不滿意，凡是我沒有的都是最好的，沒有那些我就不能幸福。

「永遠不滿足」真是人類的天性，這種天性讓我們永遠想要更多。

究竟什麼是快樂？

快樂＝實際－你的期望

把實際值調高，或者把期望值降低。學會在最簡單的事情中找到快樂，學會從日常生活中尋找精彩：沒有大餐吃，公司餐廳今天多給了個雞腿，那也是非常美妙的。

沒有辦法去國外旅行，公司組織郊外一日遊，風景也是很好的。

沒有辦法去健身房鍛鍊，自己圍著社區跑一個小時，也是暢快的。

一個無所事事的下午，沒有朋友陪伴，自己叫個外賣，看本小說，也是非常開心的。

學會降低期望，從平淡中品嚐真味。

煩惱的時候，不妨「隨它去吧」。

王明夫先生寫過一篇文章《中國的社經大勢和商業大未來》，其中有一段非常有趣：「南懷瑾先生是大師，我讀他的書，能明顯感覺到他的學問非常了得，尤其是對中國歷史和文化典籍，南師如數家珍、融會貫通。但我沒有見過南師，沒有真切感受過他的人生境界。後來我聽到一個故事，說：有個人老是失眠，睡不著覺，很苦惱，問南懷瑾怎麼辦，睡前念心經好還是念別的什麼經好？南懷瑾說，你什麼經都別念，你就念『去他媽的！去他媽的！去他媽的！』南師這一句話『去他媽的！』，讓我突然感覺到南師的境界很高很高，太強了。我道行淺，南師那麼多著作，也沒讓我感覺到境界。而這一句話，卻讓我突然感覺有所悟。」

「去他媽的」，其實是「隨它去吧」的意思。

我們也要向南懷瑾大師學習，在煩惱的時刻，要有「隨它去吧」的勇氣。

改變自己消極的心智模式

改變你消極的心智模式，非常重要。

人類的心智模式有極大的彈性，神經擁有無限的可塑性。新的神經元每時每刻都在產生，你強化關於樂觀和積極的神經，它就會越來越強大，好像一個小小的水溝，經過你的不斷開拓，終究變成了河流。

你以為你是某種人，只是你的個人習慣。每個人都可以變成另外一個人，只要你願意。

學會建立你的樂觀神經，然後再一次次地強化它。開始可能有點困難，但是總有一天，你的樂觀精神會把你嚇一跳。

培養積極的思維，可以讓你對事物的負面不敏感，對事物的積極方面更加敏感，這樣就能擁有更好的承受力！

讓外界環境影響你的幸福感。外界環境，比你想像得更能影響你的幸福感。環境越寬敞舒適，人的幸福指數就越高；環境越清潔整齊，人的情緒也就越好。

建立一套完善的自控系統

一個人的人格系統是否完善非常重要。

自控系統排在人格系統中的第一位，一個人如果沒有自控系統，那麼他的人生道路將會非常艱難。

女性缺乏自控系統可能會早戀，然後早早退學，步入社會，但因為沒有足夠的知識和適當的技能，只能在社會底層掙扎。有了家庭之後，因為連自己都無法控制，就更不用說去教育下一代了，而孩子擁有一位這樣的母親，也很容易出現問題，影響今後的人生。

男性缺乏自控系統更糟糕，過早輟學，認識不良朋友，以在社會底層打工為生。而生活的艱難會讓他們很容易走上犯罪的道路。

大多數人都擁有自控系統，區別在於自控系統的運行是否良好。

我們要做的，就是保證自己的自控系統正常運行。

自控系統如果不能正常運行，通常會出現兩種情況：第一種，自控能力缺乏，這將導致我們縱容自己做一些明知道是錯誤的事情；第二種，自控過多，自控過多會讓我們成為「好好先生」，或者成為刻板不知變通的人，因為自控過多，所以會將很多不屬於自己的責任也承擔下來，自己真正的目標反而無法集中精力去做。過分的自控會讓我們恪守規則，但不知道變通的人在當今社會很難立足。

培養正確的自控能力，需要我們擁有準確的判斷能力以及足夠的勇氣，這並不容易。你要去追求誠實，並將它當作自己的責任，同時還要學會將一些不屬於自己的責任放棄。

將目光放長遠，學會推遲滿足感，做到這兩點你的生活將會變得非常充實和高效。當下的生活非常重要，把握當下，去努力奮鬥，快樂將會充滿你的人生。

38 精神和肉體的關係，比你想得更密切

你以為你不開心，也許你只是餓了

L 是一位城市上班族。二〇一五年下半年，她的工作時間調整，下班時間由五點推遲到五點半。一開始，L 覺得這對自己不會有什麼影響，因為她本身就是個工作狂。

但是事實卻並非如此，L 發現自己每天下班的時候都顯得無精打采，鬱鬱寡歡，同事在電梯裡和她打招呼，她也沒了聊天的興致。

L 的這種狀態會一直維持到回家，吃晚飯……

在過了一段時間這樣的生活後，有天下午五點，L 的同事珍妮給她帶了一小塊檸檬蛋糕，L 自己泡了一杯咖啡，並藉著醇香的咖啡享用完了那塊蛋糕。

下班時，L 發現自己心情很好，回家吃完飯，她的心情仍然維持在較高的水平。

L 覺得很奇怪，決定第二天試試下午什麼都不吃，自己是什麼狀態。結果到五點半，她又開始感到煩躁不安！

太可笑了！答案就是這麼簡單：L 會覺得不高興，原來是因為餓了。

L 餓了，所以不想說話，所以覺得煩躁，就是這麼簡單。

嬰兒時期，我們餓的時候可是會哭的。

為什麼我們長大以後，不會因為饑餓和疲勞而哭？因為我們總是習慣性地壓制和管理情緒，但是身體上的感受卻是真真切切的。

照顧好你的身體，照顧好你的睡眠，能把你的幸福基線提升一個層次！

很多時候，我們覺得情緒不高，不是累了就是餓了，我們卻把它歸為「發生的事情影響了我的心情」，而很少注意自己的身體。

有了目標，就要向著目標努力前進。

有了壓力，就要休息，就是這麼簡單。

用「休息」來代替「逃避」

壓力絕不是壞事，它是我們活著的動力，是我們改變的契機，是美好生活不可缺少的內容。很多女孩期待能嫁入豪門，從此過上少奶奶的生活，不用工作，甚至孩子都不用自己照顧。這不就是嬰兒狀態嗎？這種想法的本質就是逃避壓力。

嫁入豪門，是逃避金錢的壓力；從此過少奶奶的生活，不用工作，是逃避人生需要自我奮鬥的壓力；孩子不用自己照顧，這是逃避生活的壓力。

所有願望都實現，你就沒有壓力了嗎？

你會有新的壓力，比如人生無趣的壓力，沒有成就感的壓力，害怕老公出軌的壓力！

人只要活著，就沒有壓力消失的時候，只有一種壓力取代另一種壓力。

壓力對我們是有好處的，壓力從來不是問題。

問題是你的精力是否足夠應對壓力，你是否得到了充分的休息（精神和肉體都是）。

如何提升工作效率？

在我計劃寫這本書後，我就被兩種壓力包圍了：

一種是我能否寫出對大家有參考價值的書籍；另一種是我是否能完成這項工作，全憑自覺，無人監督，這意味著我要和自己的工作效率和拖延症抗衡。

而我的方法是：給自己做好目標計劃，每天寫三千字，然後分兩次完成，每次四十五分鐘。

在開始寫作前，我會先去鍛鍊身體，短跑或者跳操，專注於運動；隨後用一分鐘的時間放鬆身體，同時構思我的寫作思路。

開始寫作後，我設定鬧鐘，讓自己完全進入狀態，關閉所有社交軟體，手機也設置成靜音。

在這四十五分鐘中，我完全「浸入」，這種強大的浸入感，使我在四十五分鐘之內的效率出奇的高。

四十五分鐘一到，我會存檔，果斷脫離工作狀態。

我會至少休息十五分鐘，有時是三十分鐘，在我休息的時候，我不會想工作；在我工作的時候，我也不想生活。

如果你也用這種方式工作，你會發現，哪怕你一天只工作五六個小時，也會比工作十個小時以上的成效要好得多。這種工作方式更容易產生成就感。

學會把時間切割成小塊，不要讓工作時間和生活時間混在一起。

四十五分鐘之後，工作成果顯而易見，常常比渾渾噩噩一下午的成效更明顯。

運動和冥想是幸福的靈藥

心理學專家總是讓我們把注意力放在頸部以上的頭腦上，而影響我們的力量，通常來自我們頸部以下的身體。

在原始社會時期，我們的祖先無時無刻不在運動中度過，停止運動就意味著失去勞動力和競爭力。人類是需要一定的運動量的，但是我們平時的活動卻遠遠達不到這個量。

身體的懶惰，也會帶來精神上的憂鬱。

我們總是把很多事情放在運動之前，我們把玩樂和工作看的比運動更重要，這是我們和身體的對抗。

運動是身體的最佳靈藥，運動越多樣化，我們的生活也就越幸福和豐富。

跳舞吧！打球吧！騎自行車吧！跑步吧！瑜伽吧！

我們在打開身體的同時也打開了心靈。

每週運動三次以上，效果和吃輕量的抗憂鬱藥差不多。

不要思考太多：運動能給我帶來什麼？我能不能堅持？我要不要明天再運動？

思索再多無益。不要問，直接去運動就好了！

你需要的是：

每週四次，每次半小時以上的身體鍛鍊；至少使用三種以上運動方式（自行車、跑步、瑜伽、打球）；每天保持七至八小時的睡眠；每天五個以上的擁抱，和你的朋友、同事和家人擁抱吧！

▌39 外面沒有別人

停止向外求索

以前的我，總是特別焦慮。我前面有人，我想超過他們：我後面也有人，我覺得後面的人馬上就要超過我。

那感覺別提多糟糕了。

後來，我和一位很有智慧的前輩說起我的焦慮，她說：「你之所以總是想超越別人，是因為你的內心深處對現在的自己並不滿意，你時刻在對自己進行批評和譴責。」

「你現在的狀態是不夠的，你必須進步。」

「你做的和其他人相差很多，必須要有所超越。」

「為什麼你做事情總不能做到最好？」

這些譴責是你內心對自己的批評，如果長時間保持這種狀態，那麼這種對自己不認可的看法就會投射到外界環境中，發展為你認為自己也不會被其他人所認可。

你的內心就像是一臺投影儀，它能夠將你內心的想法投射到外界環境中，所以，你對外界環境的認知是受到內心想法的影響的。

當你的內心對自己不認可時，就會轉向外界，希望得到外界環境的認可。

這無異於緣木求魚，自己的內心出了問題，卻在外部環境中尋找解決辦法。

而這種對自我缺乏認可，轉而求助於外界的行為，通常是由童年經歷導致的。

如果你在童年時期就缺少足夠的認可，在成長過程中也沒有人給予你鼓勵和信心，只靠自己是很難建立起自信的，所以長大之後內心始終缺乏自信，從而變得不認可自己。

有不少父母在孩子不聽話時喜歡說：「你看某某某家的孩子，成績多好，多聽話，再看看你。」

父母在說這句話時，可能並沒有什麼想法，只是隨口說出來的，他們不知道這句隨口而出的話將會對孩子產生什麼樣的影響，沒有什麼話能比這句話更容易激起孩子的憤怒、打擊孩子的自信心了。

當孩子聽到這句話時，首先感覺到的是憤怒，聽的次數多了，內心除了憤怒之外，還會在自己也不知道的情況下產生不自信的心理。

這樣的孩子長大後，就喜歡與其他人比，希望能夠超越他人，以此來建立自己的信心。同時，他們還會不斷尋求外界的認同，以彌補童年時認同感的不足。

但是這樣是無法徹底解決你的問題的，因為總有比你優秀的人出現，你不可能擊敗所有比你強大的人。無論你擊敗了多少人，從中獲得了多大的成就感，一旦你遇到一個自己無法超越的人時，之前所積累的自信將會瞬間化為烏有，一切又回到了原點。

停止向外尋求：真的外面什麼也沒有。

一位非常有名的大師說：外面沒有別人。

其實外面什麼也沒有，你想要得到的都在你的心中。想要獲得自信和認同感，需要自己給予自己。

建立自信心、獲得成就感，實際上並不複雜，我們只需要透過完成一項工作或者做好一件小事就能夠獲得。

情商高的人通常人際關係比較好，因為大家都喜歡和情商高的人交往。而情商高的人在人生道路上也會走得順暢很多。

情商高是一種通俗的說法，比較精確的說法是：「擁有一套完整而且有彈性的人格系統。」

我們期望和他人溝通，但是溝通的目的從來都不是征服。

這裡有一位大學教授的故事：

鄭確教授，在中國全國最受歡迎的教師中排前一百名。他的主講課程是溝通學，曾經被評為全國第一課，除了溝通學他還教大學的思想政治課。

當然思想政治課是相當無聊的，沒有人喜歡上這門課。

開學的第一天，在鄭確教授的思想政治課上，有位同學站起來說：「教授，我覺得這些課程非常無聊，沒有任何意義。」

鄭確教授回答說：「謝謝你的意見，請坐。」然後就開始講課。

這個故事給我留下了很深的印象，以往別的教師受到挑戰，或者我們在生活中受到如此直接的挑戰，都會反駁、辯解，試圖用我們的想法說服對方。

而鄭確老師，只是說「謝謝你的意見」，非常謙遜，但是帶來的效果卻遠比說教要好。他的氣魄在那一刻就征服了在場的人。

溝通的最終目的不是說服對方，不是征服而是到達幸福。

40 生活 ≠ 賺錢＋消費

生活 ≠ 賺錢＋消費

年輕人，很容易將賺錢和消費視為自己生活的全部。如果是生活在二三線城市，房價不高，父母幫忙解決了房子問題，還會經常去父母家吃飯，而自己每月的薪水，絕大部分就成為了零用錢。

花錢有很多種方法，有很多人專門教人如何花錢，無數心靈雞湯文章也說如何花錢是一門學問。現在，無數網路購物 APP 充斥在我們的手機裡，花錢已經變得簡單得不能再簡單，動動手指就可以，這就讓花錢購物成為很多年輕人的精神寄託。如今的談戀愛也成為一種模式，比如情人節就必須買高價玫瑰花、首次見面要吃西餐才感覺有氣氛等，這些觀念都是商家費盡心思灌輸給你的。

而上班似乎只是因為要花錢才走這條路，它本身再沒有任何意義。試問下，如果現在你的公司告訴你，可以不用來公司工作，每月薪資還是按時發放，那麼你還會去公司嗎？

提高生活品質 ≠ 消費

一提起「提高自己的生活品質」，很多人就會想到花錢消費，出現這種情況，很可能是因為大部分人並不明白究竟什麼是生活品質。同時，在很多人的眼中，商品的作用被過分誇大了，雖然花錢買回來的商品都對你有所幫助，但它並不能改變你的生活品質。

之前，我看了兩部有爭議的電影，一部叫做《港囧》，一部叫做《夏洛特煩惱》，在兩部電影中都出現了一個問題：中年危機。

男人到了中年，激情漸漸消退，對待家庭和事業都產生了疲倦感。《港囧》裡的徐來，從藝術院校畢業後選擇設計內衣，很大程度上是「嫁雞隨雞，嫁狗隨狗」：而《夏洛特煩惱》中的夏洛，靠剽竊他人的作品成名，內心深處的不安也就非常好理解了。

剛從學校畢業時，我們會經常與同學聚會，在社群軟體中詢問各自的近況，互相攀比，這個階段的我們非常在意這些。比如，一個體貼溫柔又年輕有為的男朋友，或者一個在辦公大樓上班、出差去世界各國的工作，名牌包包和珠寶首飾當然也在其中。男生看到這裡可能會嗤之以鼻，但是當微信的汽車廣告出現在你們面前時，你們也會紛紛按讚，甚至會因為自己成為商家的目標客戶而暗自竊喜。

但是，二十至三十歲只是事業的起步期，未來的路還很長，還有四十歲、五十歲、六十歲。

你在二十歲時認為年收入多少算是成功？當你拿到期望的收入之後呢？人真正應該追求的並不是年收入多少，而是擁有自己的事業。我們生活質量的提升也要靠自己的事業來完成，只有這樣你才會感覺自己的時間沒有虛度。在自我實現的過程中，金錢只是額外的獎賞，如果你將金錢作為自己的最終目標，那麼當這個目標實現之後，你就會開始懷疑自我。

金錢所能購買的東西確實能給你帶來一定的成就感，但是這種成就感像是夏天放在屋外的冰淇淋，不可能長時間存在。戀愛其實也是如此，我們可以將戀愛當成自己人生道路上一個短暫的假期，這樣就能夠更加坦然地面對過去，但是如果一輩子都活在假期中，那就是一種囚禁了。

所以，與其思考需要買什麼東西能夠提高自己的生活品質，不如思考做些什麼能夠將日常生活變得健康且美妙。

有個朋友曾這麼說：「抵禦人生無常帶來的危機感，不是靠每日計算自己的收入以及存款，也不是靠一些微不足道的成就感，而是靠做有意義的事情，靠建立自己的事業，靠為有價值的事去奉獻。」

41 每天都開心的祕訣

是什麼讓你對身邊的事物視而不見

一月份一個下雪的週六，C 一個人在家裡忙碌。

在過去的一週，C 忙得日夜顛倒，手裡的一個專案終於圓滿收尾了。為了這個案子，C 已經連續加班四十多天，幾乎沒有個人生活，現在總算能喘口氣了。

上午，C 先去銀行辦事。天氣特別冷，C 回到家，趕緊洗了個熱水澡，然後叫了火鍋外賣，等待和好久不見的閨密王花花一起把酒話青梅。

C 想得特別好：一方面，今天天氣這麼冷，還下雪，是最適合吃火鍋的天氣；另一方面，她和花花有兩三個月沒見了，還真是想念她。

C 一個人把桌子推到了窗邊，把厚窗簾拉開，只留下薄薄的紗簾，從室內看室外的雪，特別美。

C 的這個閨密是最小資最知情識趣的，她最懂得吃啊玩啊的講究。C 一邊收拾桌子，一邊美滋滋地幻想和閨密就著這紗簾雪景，一起吃火鍋並聊得熱火朝天的景象。

和閨密約的時間是十一點半，結果都十二點了，C 也沒見到人。

到十二點二十分時，王花花大駕光臨，姍姍來遲。

王花花帶著青紫色的黑眼圈，疲憊地說：「我昨天晚上睡得晚，這不來了嗎！別說了。」

C 也不好多怪她，趕緊讓她脫了外套坐下。她身上倒是沒沾多少雪，應該是搭計程車到了 C 家樓下，只是她的大衣有點皺巴。

C 讓她坐在桌子對面，熱情地張羅小料和香菜，把電磁爐打開。

C 叫的是鴛鴦鍋，別說，這家外賣做得真好，那白湯是菌菇湯，熬得奶白奶白的，還飄著紅色的番茄片和黃色的玉米小段；那紅湯是麻辣湯，油光發亮，紅彤彤的，看著就食慾倍增。C 的注意力全被鍋底吸引了。

等 C 反應過來，才發現王花花自進門，除了回答 C 的問話，就沒再說一句話。

C 仔細看了看她，花花今天怎麼這樣啊？

花花是她的外號，還是 C 取的，取其嬌媚可愛、貌美如花、嬌氣如花的意思。花花是最愛打扮的，但是今天花花看著有點皺巴巴的。

仔細看，她的頭髮有點枯，應該是好久沒做護理了，她臉上除了黑眼圈，還有點起皮，而且竟然素顏就來了。

C 說：「花花呀，來吃這毛肚。超嫩。」

花花沒精打采地點了點頭，任 C 把毛肚放到她的醬碟上。

接著 C 給花花倒酒：「這酒好喝，上次你說喜歡喝，今天我特地跑到北城最北的那個進口超市買的。」

花花喝了口酒，不置可否。

C 只好問：「你是又和他怎麼了嗎？」

還用問嗎，肯定是「怎麼了」，能讓花花如此失魂落魄的，也只有「他」了。

他是花花認定的如意郎君 A 君，C 也認識，說起來他們三個還是高中同學。A 君從高中起就特別招眼、特別出色，兩個人在一起，花花沒少給他擋爛桃花。

A 君大學去了上海，花花去了北京，從此兩個人兩地相思，心自成冰。花花本以為大學畢業後，這異地戀的苦就不用再吃了，沒想到 A 君一畢業就去了英國。

A 君說：「我會回來的，不回來也會把你接走。」

如今，A 君去了都兩年了。在這兩年裡，A 君回來看了花花三次，花花飛去英國看了他兩次。這五次見面說少也不少，說多也不多，但對於熱戀中的人來說是絕對不夠的。

所以兩個人就用各種社交軟體聯繫，微信、QQ、Facebook、微博、Skype 視訊，反正這半年多的時間裡，C 只要和花花在一起，她的手機就響個不停。

有時 C 感覺花花不是一個活生生的人，而是 A 君遠程遙控的一個行走的機器人。

花花今天這麼沮喪，兩人一定是吵架了。

果然，花花說：「我和 A 吵架了。本來說好了他春節回國，但是他的指導教授要求他把論文提前完成，所以他說他不回來了。我說時間真有那麼吃

緊嗎？就連一週的時間都沒有？我們都半年沒見面了啊！你是不是變心了？還是覺得國外比國內好，不想回來了？」

C 說：「花花呀。咱們今天先不想他行嗎？你先嘗嘗這家火鍋外賣的肥牛，這可是真正的上品肥牛，你看這肉質多鮮嫩，肥瘦多均勻，切得跟紙一樣薄！一燙就熟，超好吃的！」

可是花花對 C 的推薦視而不見。

C 也演不下去了，看著花花，放下筷子，嘆了口氣。有點後悔邀請她來了。

為什麼你的世界裡沒有了自己

但是 C 想了想，還是認真對花花說：「花花，我知道你現在的心情。你們兩個本來是相愛的，但是卻被迫兩地分居六年之久，你對兩個人未來的信心在慢慢減弱，而你並不知道如何挽回。」

花花看著 C，今天第一次認真聽 C 說話：「你接著說。」

C 說：「花花，你本來應該是個新世紀的優秀獨立女性，你家境好，又畢業於知名大學，工作認真努力，你有自己的事業。但是你唯一看不開的就是感情。感情並沒有讓你的生活變好，並沒有讓你變得幸福。你回想一下高中還沒和 A 君在一起的日子，你是多麼快樂啊，天天跟我討論去哪裡玩，吃什麼好吃的。和 A 君在一起後，你的注意力全被他吸引了。」

花花好像有點觸動：「你的意思是，為了尋回失去的幸福，我應該和 A 君分手是嗎？」

C 說：「當然不是。我的意思是說，良好的感情有一個特質，在兩個人之間，至少要有一個人因此受益（感到幸福），而另外一個人沒有損失普通的感情就是兩個人都沒有受益，也都沒有損失；壞的感情則是兩個人在一起之後，至少有一個人過得還不如單身時，如果是這樣，說明你的感情模式出現了問題。」

花花說：「我的感情出了什麼問題呢？」

C 說：「從你一進門，你就沒有露過笑臉。我因為工作忙，兩個月沒有聯繫你了，如果不是我昨天給你打電話，你也沒注意到。今天是你最喜歡的天氣，我準備的是你最喜歡的火鍋，我們現在做的是你最喜歡的事情：下雪天吃火鍋。但是你一點也沒注意到，我精心準備的食物和酒你都食而無味。你對他的感情，就像個看不見的罩子一樣，把你罩住了，除了他，你什麼都看不見了。你的生活中只剩下他，那你自己呢？」

花花像是被 C 潑了盆冷水，愣愣地看著 C：「可是年輕女孩誰不是戀愛大過天……」

C 說：「可是你不能失去自己啊。你這兩年為自己活過嗎？你努力上班，是為了以後能和他保持同步；你節省開銷，是為了攢錢飛去英國：你不和朋友們出去玩，是為了回家和他視訊，你的生活，什麼時候只剩下他了呢？」

花花輕輕地說：「我都習慣了，把他當成我生活的目標，就像爬山一樣，他就是山上的那個標尺，他就是我一步步向上爬的目的地，我都沒想過別的，就是看著標尺爬啊爬啊，並告訴自己，到那裡我就能幸福了。其實這兩年我一直在想，如果 A 君不回來了，或者他要我去英國，而我又捨不得國內的父母和朋友該怎麼辦？爬上了山，標尺卻不見了，我該怎麼辦？」

C 說：「不要把他當成你的目標，也不要只看著山頂。你就那麼慢慢走，累了就歇會兒，渴了就吹著山風喝點熱茶，甚至不渴不餓，你也可以停下來看看路邊的風景。過好你自己的生活，你的生活不應該圍著別人轉，你的快樂也不該是別人給的。」

「而且，兩個人的感情如果是良性的，那麼兩個人都應該是快樂的，這樣你們才會互相吸引。你這麼不快樂，他又怎麼會快樂呢？他又怎麼願意回你身邊呢？」

C 說完了，就不再理花花，非常沒禮貌地自顧自地吃了起來。

C 把新鮮的榛蘑倒進白色的菌菇湯中，又把海蝦丟在了紅湯中，自己涮自己吃。

花花坐著發呆，像是在看 C，又像沒看她。

當 C 試圖把最後幾隻蝦倒進紅湯中時，花花突然用筷子攔住了 C：「哎，你這人真是暴殄天物，你會不會吃啊，這麼鮮的海蝦入了紅湯，全被紅湯奪味了，這得入菌菇湯才好吃。」

花花一邊說，一邊往火鍋裡放蝦放爆肚放肥牛，還把蔬菜放進了白湯，這「吃肉要放紅湯，吃綠菜要放白湯」還是花花教 C 的呢。

花花說：「說起來怎麼沒有酥肉啊？下週你上我家來，我給你準備酥肉，這吃火鍋沒酥肉怎麼行！啊，我突然發現你的品味提升了啊，這紗簾配雪景也太有情趣了。我可好多年沒吃過這麼應時應景的飯了。」

花花像是一個丟魂丟了好多年的人，突然間魂魄歸體，整個人活過來了。那天下午，她們喝了兩瓶酒，喝得東倒西歪。火鍋吃完了，花花親手煮了一大壺奶茶，C 找出了別人送她的點心，兩個人搬了毯子和靠墊放在窗戶下面，坐在窗前就著雪景吃了又喝，聊了又聊。

C 發現，高中時代神采飛揚的花花又回來了。

無論單身還是非單身，你都要擁有自我。

無論單身還是非單身都快樂的祕訣只有一條：擁有自我，自己為自己的悲喜負責。任何時候，自己的情緒都不要被外界左右。

不幸的來源：我們常常期望他人能為自己負責。

自己的生命應該由自己負責。

不要奢望別人會為你負責。

也不要試圖為他人負責，因為每個生命都只能為自己負責。

那些希望得到他人幫助，期望他人為自己負責的人，最終得到的結果就是失望。因為對於其他人來說，為一個其他生命負責，是非常沉重的負擔，沉重到任何人都無法承受。

而對於你來說，當你把所有的期望都投注到他人身上時，等於將自己的生命交給了他人，那麼你將會失去對自己的主導權，並且還會失去安全感。你將會活在猜疑他人和害怕失去他人的恐懼中。

因為內心的恐懼，你對他人的期望最後往往會變成控制和束縛。

直到雙方都精疲力竭，無法再忍受這種壓力，你的期待才會結束，同時結束的還有你們的感情。

▎42 愛的祕訣：你需要什麼，我就給什麼

為什麼愛一個人這麼難

當我真正愛上一個人之後才了解了愛的真諦，才發現愛實際上非常簡單，就是將對方最需要的給他。

我也曾十分迷茫，不知道該怎樣去愛一個人。

我對自己的伴侶也不願意去傾聽，因為他對軍事、政治、體育比較關心，而我對這些一竅不通，並且毫不在意。

每次他對我講某某國家與另一個國家出現了矛盾，有可能爆發戰爭，或者歐洲盃他看好哪支球隊，我就會打斷他的話，並告訴他：「我現在還有點事情，等我忙完了再說。」

雖然我每次都說等我忙完了再說，但是從來沒有下文。因為我對他說的東西完全不感興趣。

最初，他總想和我分享對一些事情的看法，後來，他終於意識到，我對他說的事沒有絲毫的興趣，並且不願意聽，之後就再也沒有和我說過些事。

然而，與他人交流分享是人類的天性，於是他將大量時間放在了網路上，因為網路中有很多與他志同道合的人。

過了很久之後，我終於發現他和我已經沒有什麼共同話題。我想要改變這種狀況，於是也開始看一些體育、軍事之類的消息。

一天下班之後，我非常興奮地想與他分享剛剛從網上看到的最新軍事動態，但是他只聽了一句就打斷我：「我一會兒還有點事情，等有空了我們再聊吧。」

當他這句話說出來之後，我們兩個人都呆住了，氣氛十分怪異，因為類似的話是我之前對他說的。片刻之後，我們意識到我們之間出現了巨大的問題。

這天晚上，我們約定：從今以後要關心對方的生活以及興趣愛好，每週都要有雙方共享的時間，可以看一場足球比賽或者肥皂劇，看完之後要對共享的內容進行交流。

學會詢問對方：你需要我怎麼做呢？

其實，想要自己的婚姻幸福，你只需要做一件事情，即坦誠地詢問對方：「你想讓我用什麼樣的方式來愛你？」

很多失敗的婚姻並不是因為雙方不再相愛，而是因為他們都用自認為正確的方式愛對方，卻從來沒有溝通過，他們不知道對方真正需要的是什麼。最後結果是，雙方都感覺自己已經盡全力去維護這段感情，但是對方卻從來沒有反應，只能在不斷的失望中走到婚姻的盡頭。

每個人想要被愛的方式都不一樣，每個人都希望自己的另一半能夠以自己喜歡的方式來愛自己。但是對方並不一定清楚你的想法，所以你需要什麼請直接告訴對方，對方有什麼事情讓你不滿意請立刻指出來，不要讓對方猜測你的想法。

我們可以透過一張表格來增加雙方的了解，表格分為兩部分，一部分是對方對我的需求，另一部分是我對他的需求。

不要匆忙地將表格填滿，思考之後再填，然後不斷去完善。

當表格做好之後你才會發現，原來對方有那麼多事情是沒有對你說過的。

知道了這些你之前不了解的，你才能夠以對方想要的方式去愛他，對方同樣也會如此，這時你們會發現，原來你們雙方都是這麼珍惜這段感情。

婚姻需要雙方的努力。

當你和你的另一半成為「我們」，你們雙方就必然都會有一定的犧牲。

兩個人之間的感情需要雙方一起努力經營，同時要明白，人都有喜歡追求新鮮事物的天性。伴侶之間的關係既是同盟又是競爭對手，如果兩人的步伐不一致，那麼步伐慢的一方就難免被拋棄。你只想安逸的生活，不想努力，不想進步，認為結婚之後所有事情就已經註定，你憑什麼認為對方會一直伴隨著你？夫妻雙方只有共同努力，才能獲得真愛，前進的道路沒有終點，直到你生命的結束。

被理解比被認可更重要？

夫妻之間相處，通常認為被對方理解要比被對方認可更為重要。

因為雙方都會覺得，只有對方了解自己之後，才能進行更深層次的交流，自己才不會因為想要被對方認可而做一些虛偽的事情，這樣會讓生活更輕鬆。但是夫妻是長久相伴的伴侶，如果僅僅被了解，雙方都不認可彼此，那麼我想這段感情也不可能長久，所以我認為了解和認可是同等重要的。我希望你能夠了解真實的我，同時認可我為你做的改變。

爭吵其實也是一種溝通方式，但是這種溝通方式要有一個度，不要認為自己擁有特權，如果你真的傷了對方的心，造成感情上的裂痕，將很難修復。多花時間去找對方的優點，找對方讓你感動的事情，讓你快樂的事情，這些溫馨的話題多和對方說說，對於對方的付出表達認可和感激，這樣夫妻雙方才會有更多的溫馨，生活也才會更加幸福。

想要獲得幸福並不是一件容易的事，很多人更多的是關心自己，因為關心他人的需求要比關心自己困難得多。

但是在雙方互相關心對方需求的過程中，你們之間的關係也會更加有活力。

感覺生活辛苦時，可以藉由一些簡單的事情來緩解，比如「和他一起看一場他喜歡的足球賽」。

不要再執著地使用自己認為正確的方式愛對方，要使用對方需要的方式來愛他，這樣你們才能得到幸福。

43 確定自己想要什麼，然後立刻去追求吧

女孩啊，為什麼我希望你成為有錢人

有兩個問題。

問題一：女人有錢到底有多重要？

問題二：女人最想要做的事情是什麼？

我常常聽到第一個問題：女人有錢到底有多重要？

而我常常聽到的回答是：女人有錢可以不被男朋友或老公欺負啊；吵架的時候可以說走就走，直接飛去國外讓他找不到啊；選老公的時候可以不考慮錢只考慮自己喜歡啊等等。

這些對嗎？有一定道理。但這些絕不是女人有錢的全部意義，這些答案，全部都是圍繞男人的啊！

有錢能帶來什麼？有錢能幫助你過你想要的最有趣的生活。

當你想去滑雪的時候，你就可以去滑雪，哪怕你生活在永遠都不會下雪的城市。

當你想要去看海底世界的時候，你就可以學習潛水，親眼看到海豚和鯨魚，哪怕你是生活在內陸城市。

你可以擁有任何正當愛好，並且有資本和時間去學習和完善這項愛好，哪怕你的愛好在別人眼中是膚淺無用的。

你可以吃到世界上最好吃的東西，看到最美麗的風景。

你可以不用顧及他人的目光。

你可以做太多的事情：可以不再受貧窮的限制，可以去見識更大的世界，可以擁有更廣袤的視野和最奇妙的經歷。

人生是有選擇和自由的，你越富有，你人生的選項越多，你就越自由。經濟上把財富到達了一定量叫財務自由。

我覺得財務自由這個詞很美妙，美妙到超越其他一切詞彙，甚至包括愛。

愛是很重要的，但是愛並不是世界的全部，也不應該成為我們人生的全部。

所以，要努力賺錢，要把賺錢作為我們生活的重要目標。

回到一開始的問題——女人最想要做的事情是什麼？

其實女人最想要的，是主宰自己的命運。

但是要主宰自己的命運，只能靠你自己的能力。

無論做個有錢人，還是主宰自己的命運，都不是那麼容易。

王者歸來的故事很美妙，但終究不是現實

類似於王者歸來的故事總是很受歡迎，比如《魔戒》中的亞拉岡，從一個四處飄蕩的遊俠成為剛鐸國王，又如《西遊記》中的孫悟空，被關在太上老君的煉丹爐裡煉了四十九天，煉就了火眼金睛。

這些結局美好的故事給普通人帶來了信心和動力。

所有人都希望自己成為英雄，但是如果讓我選擇，我寧願沒有火眼金睛也不要在煉丹爐裡待上四十九天。

因為我知道在煉丹爐裡的每一日都充滿了痛苦和煎熬，並且我不知道這種讓人絕望的時間要持續多久。

痛苦並不可怕，可怕的是你不知道痛苦什麼時候能結束。我們的人生也是如此，困境不足以讓人害怕，讓人害怕的是不知道什麼時候才能脫離困境，也不知道自己的努力什麼時候才會取得成功。

也許是明天，也許是明年，也許是永遠不會成功。

但是要記住，你如果不去嘗試，那麼成功就永遠不會到來。

少有人走的路才是真正的捷徑

大多數人都想透過捷逕取得成功，想透過捷徑一步登天、榮歸故里！

但是這些人想像中的捷徑只是幻象。

只有很少人走過的路才是捷徑。

你想要獲得成功，就必須付出努力；你想成為同學眼中的學霸，就只能日夜埋頭苦讀：你想要事業有所成就，就只能付出比別人更多的艱辛。

很多人對心靈雞湯有些厭惡，因為它將成功說得非常簡單，好像任何人只要付出努力就可以實現夢想，但是現實中遠沒有這麼簡單。

每個人獲得成功的背後，都有汗水、努力、失望、憤怒、淚水、傷心，以及無數個不眠之夜，無數次心灰意冷。

在獲得成功的同時，你需要放棄的東西很多很多，其中包括睡眠、與他人發展友誼、談戀愛、玩遊戲、看電影等。

最重要的一點：你會失去現有安逸的生活，失去安全感，不得不重新尋找突破的方向。

人的本能會驅使自己待在安全的地方，所以主動放棄安全感是一件非常痛苦的事情，因為人類有很多正面的體驗需要建立在擁有安全感的基礎上，如歡樂、愛、舒適。

但是想要發展，先苦後甜是必須要經歷的。如果你做好了準備，就去做吧，因為這就是捷徑。

想要英語出類拔萃？先從每天背誦單字開始。

想要健康的體魄？從今天開始每天跑五千公尺。

想找一個可愛、漂亮，同時又十分聰明的男朋友？先從改變自己開始吧，以便自己能夠配得上未來的男朋友。

不要再給自己找理由了，現在就是做出改變的最好時機，一旦錯過了機會就會永遠失去。

你可能會感覺到現實非常殘酷，不過人生的意義就在殘酷的現實中，一頭栽進黑暗中，用盡全力穿越它，只有穿越過去你才能看到光芒。

在前進的道路上不要恐懼選擇，不要害怕自己選錯道路，因為任何一條道路都不能說是絕對正確的，每一條道路都有利和弊。

你現在感覺自己被重重黑暗包圍，只因為你前進得還不夠遠，還沒有看到前方的光明。

現在，立刻行動起來

理想的人生應該是所有目標都能達到，所有計劃都能按時完成。

想要擁有這樣的人生確實很困難，基本是做不到的，但這也是人生中需要你去克服的一個困難。我們通常對自己一天能夠完成的事情估計過高，而對於自己一年內能做完的事情估計過低。

你只用花費三分鐘時間，就可以把自己所有想要完成的事情寫下來，然後你可以將日記本當成是從哆啦A夢口袋裡拿出來的，你在日記本上寫的事情都能夠實現。你要把自己一星期的目標，一個月的目標，一年的目標乃至一生的目標都寫在日記本上。

將目標寫下之後，要對目標進行歸類，找出其中多個目標共同包含的一個目標，將這個目標單獨列出來，並納入你的日常工作中。

每天都為這個目標努力，先完成這個能夠讓你離最終目標更進一步的目標，現在就去做，這樣你的人生目標就可以一步步完成。

當你明白每天按照計劃去執行，是自己首先要做的事情時，你就走上了為自己的人生目標而奮鬥的道路。人生目標看似遙不可及，但要詳細劃分到每一天就不會覺得遙遠了，不要再拖延，從今天開始行動。

也許你心裡在想，自己的人生目標是需要用一生時間去完成的，不需要急在這一兩天。其實這種想法只是你為自己的懶惰找的藉口，你要告訴自己，只有從今天、從現在就開始行動，自己的人生目標才能夠在未來實現。當你在多年之後，回想自己的一生，你會發現自己每一天都沒有虛度，因為人生目標貫穿了你的一生，你每一天都在為了這個目標而奮鬥。

無論有什麼樣的理由，都不要再拖延了，拖延會毀了你的一生，它會讓你在若干年之後才發現自己原來一直在原地踏步，沒有任何進步，而此時你已年華老去。

當你制訂好自己的計劃，並開始執行之後，你就不會再因為逛街而產生負罪感，你可以非常愉快地參加朋友的聚會，因為你心裡明白，參加完聚會之後你還會按照自己的計劃為了人生目標而奮鬥。

當你因為一時的懶惰而不願工作時也不會有愧疚感，因為你知道自己的休息是暫時的，過後還會按照計劃走上征途。

最重要的一點，你不會再對未來迷茫，因為你已經在為自己的未來做準備。但是這一切都建立在一個基礎之上：現在就開始行動，努力去完成你的人生目標。

44 後記：再見，小小的我

寫到後記了，我的心情很複雜

在這本書中，與讀者分享了多年來我的心得、我的學習體會和經驗總結、我的個人經歷和我看到的故事。

在寫作的過程中，我也彷彿在和故事一開始那個迷茫的、在清晨七點穿著普通上衣和平底鞋、站在學姐面前不知所措的女孩告別。

再見了，過去那個小小的我。

而看書的你呢，咱們也要再見了。當你看完這本書時，我希望它真的對你有幫助，也希望你真的付諸行動。

我還想給你一個建議，也是給我自己的建議：把握當下。

不要總是懊悔過去，也不要總是空想未來。當下對於你來說才是最重要的，你能掌握的也只有當下。

你的計劃、想法和願望都需要立刻去實施。

過去的事情已經過去，你沒有辦法改變；未來的事情還沒有發生，更多是受到你現在的影響；只有今天你才能控制，也只有今天能夠讓你利用。

無論你有什麼樣的人生規劃，都要從今天、從這一刻開始做。

也許你現在還沒有具體的計劃，那麼你可以從立刻制訂一個計劃開始。

無論你想要做什麼，馬上開始才是最重要的。

我們花費了太多時間去懷舊，很多二十歲剛從大學畢業的年輕人走出校門就開始感嘆自己老了，懷念自己的學生時代；而到了三十歲，又開始對自己二十歲的青春歲月懷念；到了四十歲，再繼續懷念自己的三十歲……細細想來，我們最好的時光其實就是現在。

現在的時光就是最好的時光，現在去奮鬥，就是最好的時機。

而此時我們的年齡，就是最好的年齡。

國家圖書館出版品預行編目（CIP）資料

全方位女神：完美女孩的必修守則 / 鍾幸燕 著 . -- 第一版 .
-- 臺北市：崧燁文化，2019.11
　　面；　公分
POD 版

ISBN 978-986-516-089-0(平裝)

1. 自我實現 2. 生活指導 3. 女性

177.2　　　　　　　　　　　　　　　108018211

書　　名：全方位女神：完美女孩的必修守則
作　　者：鍾幸燕 著
發 行 人：黃振庭
出 版 者：崧燁文化事業有限公司
發 行 者：崧燁文化事業有限公司
E-mail：sonbookservice@gmail.com
粉 絲 頁：　　　　　　網　址：

地　　址：台北市中正區重慶南路一段六十一號八樓 815 室

8F.-815, No.61, Sec. 1, Chongqing S. Rd., Zhongzheng

Dist., Taipei City 100, Taiwan (R.O.C.)

電　　話：(02)2370-3310 傳　真：(02) 2388-1990
總 經 銷：紅螞蟻圖書有限公司
地　　址: 台北市內湖區舊宗路二段 121 巷 19 號
電　　話:02-2795-3656 傳真 :02-2795-4100　　　網址：
印　　刷：京峯彩色印刷有限公司（京峰數位）
　　本書版權為千華駐科技出版社所有授權崧博出版事業有限公司獨家發行電子書
　　及繁體書繁體字版。若有其他相關權利及授權需求請與本公司聯繫。
定　　價：250 元
發行日期：2019 年 11 月第一版
◎ 本書以 POD 印製發行